U0649666

职业教育大客车驾驶专业规划教材

大客车驾驶人职业道德

交通运输部运输服务司　组织编写

周　铭　主　　编

陈　强　夏凤华　副主编

人民交通出版社股份有限公司

China Communications Press Co.,Ltd.

内 容 提 要

本书为职业教育大客车驾驶专业规划教材之一,根据交通运输部办公厅、教育部办公厅、公安部办公厅、人力资源社会保障部办公厅联合下发的《关于开展大客车驾驶人职业教育试点工作的通知》(厅运字〔2014〕100 号)编写而成。本书主要内容包括:道德与职业道德、社会主义职业道德及其规范、大客车驾驶人职业道德规范、大客车驾驶人的职业修养。

本书为大客车驾驶专业的核心教材,也可作为道路客运驾驶人素质提升的培训用书和参考用书。

图书在版编目(CIP)数据

大客车驾驶人职业道德 / 周铭主编. —北京:人民交通出版社股份有限公司, 2017.7
职业教育大客车驾驶专业规划教材
ISBN 978-7-114-13844-7

Ⅰ.①大… Ⅱ.①周… Ⅲ.①公共汽车—汽车驾驶员—职业教育—教材 Ⅳ.①U471.3

中国版本图书馆 CIP 数据核字(2017)第 114082 号

职业教育大客车驾驶专业规划教材
书　　名:**大客车驾驶人职业道德**
著 作 者:周　铭
责任编辑:郭　跃
出版发行:人民交通出版社股份有限公司
地　　址:(100011)北京市朝阳区安定门外外馆斜街 3 号
网　　址:http://www.ccpress.com.cn
销售电话:(010)59757973
总 经 销:人民交通出版社股份有限公司发行部
经　　销:各地新华书店
印　　刷:北京虎彩文化传播有限公司
开　　本:787×1092　1/16
印　　张:8.75
字　　数:195 千
版　　次:2017 年 7 月　第 1 版
印　　次:2022 年 2 月　第 2 次印刷
书　　号:ISBN 978-7-114-13844-7
定　　价:22.00 元
(有印刷、装订质量问题的图书由本公司负责调换)

职业教育大客车驾驶专业规划教材
编写委员会

（按姓氏笔画排列）

王　杨　　乔士俊　　祁晓峰　　李　斌

李　勤　　吴晓斌　　张开云　　张则雷

周　铭　　徐新春　　翁志新　　郭　跃

凌　晨　　蒋志伟　　解　云　　戴良鸿

前 言

FOREWORD

　　为进一步贯彻落实《国务院关于加强道路交通安全工作的意见》(国发〔2012〕30号)的有关要求,"将大客车驾驶人培养纳入国家职业教育体系,努力解决高素质客运驾驶人短缺问题",经交通运输部、教育部、公安部和人力资源社会保障部共同研究,于2014年07月29日发文《关于开展大客车驾驶人职业教育试点工作的通知》(厅运字〔2014〕100号),决定在江苏、安徽、云南三省各选取一至两所具备资质的职业技术学院、高级技工学校,开展大客车驾驶人职业教育试点工作。为了认真落实通知精神,提升大客车驾驶人职业教育的办学水平,人民交通出版社受交通运输部委托,特组织试点院校编写职业教育大客车驾驶专业规划教材,以供本专业教学使用。

　　本套教材总结了全国交通高级技工学校、技师学院多年的专业教学经验,结合道路客运企业对大客车驾驶人的特殊要求,注重以学生就业为导向,以培养能力为本位,教材内容符合大客车驾驶专业教学改革精神,适应道路客运企业对大客车驾驶技能型紧缺人才的要求。本套教材中部分教材内容是在江苏汽车技师学院《大客车驾驶专业教学标准和课程标准》研究课题的课程体系框架下确定的。本套教材具有以下特色:

　　1. 按照交通行业职业技能规范和国家职业资格标准构建课程体系和教材体系。本套教材遵循大客车驾驶学制培养的具体要求,为贯彻国家职业资格标准,保证提高大客车驾驶专业学生的技术素质和服务质量奠定了良好的基础。

　　2. 本套教材注重实用性,体现先进性,保证科学性,突出实践性,贯穿可操作性,反映了汽车工业的新知识、新技术、新工艺和新标准,其工艺过程尽可能与当前生产情景一致。

　　3. 本套教材体现了汽车驾驶高级工应知应会的知识技能要求,更注重了汽车驾驶传统经验与现代大客车技术的有机结合。

　　4. 本套教材文字简洁,通俗易懂,以图代文,图文并茂,形象直观,形式生动,容易培养学生的学习兴趣,提高学习效果。

　　《大客车驾驶人职业道德》为本套教材之一,主要内容包括:道德与职业道德、社会主义职业道德及其规范、大客车驾驶人职业道德规范、大客车驾驶人的职业修养。

本书由云南交通技师学院周铭担任主编,由陈强、夏凤华担任副主编。全书由周铭负责统稿。第一章由浙江交通技师学院张建娣编写。第二章由杭州技师学院吴静编写。第三章由云南交通技师学院段美芬、夏凤华和周铭共同编写。第四章由云南交通技师学院周萍、陈强共同编写。

限于编者水平,加之大客车驾驶专业在全国已停办数年,书中难免有不当之处,敬请广大院校师生提出意见和建议,以便再版时完善。

编写委员会
2017 年 3 月

目 录

CONTENTS

第一章 道德与职业道德

第一节 道 德

1. 了解道德的起源和发展。
2. 熟悉道德的内涵和本质。
3. 理解道德的作用及与法律的关系。

建议学时:2学时。

案例链接

用美德占据灵魂

一位哲学家带着他的学生漫游世界归来,个个满腹经纶。在进城之前,哲学家在郊外的一片草地上坐了下来,对他的学生说:"10年游历,你们都已经是饱学之士,现在学业就要结束了,我们上最后一课吧!"

弟子们围着坐下来。哲学家问:"现在我们坐在什么地方?"弟子们答:"旷野里。"哲学家又问:"旷野里长着什么?"弟子们说:"长满杂草。"

哲学家说:"现在我想知道的是如何除掉这些杂草。"弟子们非常惊愕,他们没有想到,一直在探讨人生奥妙的哲学家,最后一课问的竟是这么简单的一个问题。

一个弟子首先开口说:"老师,只要有铲子就够了。"其他弟子接着说:"用火烧。""撒上石灰。""斩草除根,只要把根挖出来就行了。"

等弟子们讲完了,哲学家说:"课就上到这里,你们回去,按照各自的方法除去一片杂草。一年后,再来相聚。"

一年后,他们都来了,不过原来相聚的地方已不再是杂草丛生,它变成了一片长满谷子的庄稼地。可是哲学家始终没有来。

几十年后,哲学家去世,弟子们在整理他的言论时,私自在书的最后补了一章:要想除掉旷野里的杂草,方法只有一种,那就是在上面种上庄稼。同样,要想让灵魂无纷扰,唯一的方法就是用美德去占据它。

讨论:哲学家的最后一课对你有什么启示?

一、道德的科学内涵及本质

（一）道德的内涵

道德源于生活,用于生活。中国古代对道德的思考可以追溯到殷商时期。在商朝出土的甲骨文中,已经有了"德"字(图1-1)。在最早的典籍中,"道"和"德"是分开的,如先秦思想家老子所著的《道德经》中:"道生之,德畜之,物形之,器成之。是以万物莫不尊道而贵德。道之尊,德之贵,夫莫之命而常自然。"其中"道"指自然运行与人世共通的真理;"德"是指人世的德性、品行、王道。"道德"一词连用始于荀子《劝学》篇:"故学至乎礼而止矣,夫是之谓道德之极。"在西方古代文化中,"道德"(Morality)一词源于拉丁语的"Mores",意为风俗和习惯。

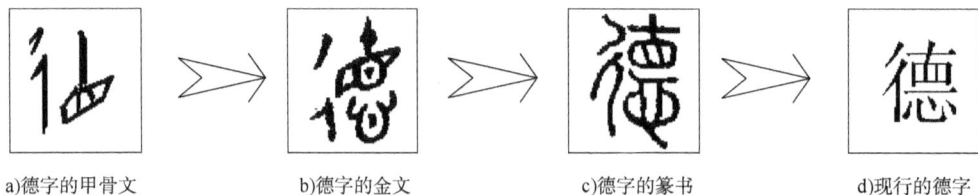

a)德字的甲骨文   b)德字的金文   c)德字的篆书   d)现行的德字

图1-1 德字的演变

"道德"是我们日常生活中最常见的社会标准,存在于公共活动、职业活动和家庭活动的一切领域中。例如,说不遵守公共秩序的人"不讲道德";说不讲诚信的人"不道德";说不孝敬老人的人"缺德",等等。人人皆与道德有关。

所谓道德,是一种社会意识,是调整人们相互关系的行为准则和规范的总称。具体讲,道德是调节个人与自我、他人、社会和自然界之间关系的行为规范的总和,是靠社会舆论、传统习俗、教育和人们的内心信念来维持的。

人类一切活动都是在社会生活中进行的,任何人都不能离开社会而单独生活。人们在社会生活中,有时与自我、与他人、与社会、与自然界不可避免地产生各种各样的矛盾,道德就是用来调节矛盾的准则和规范。所以,道德作为一种社会意识形态,它是人们共同生活及其行为的准则与规范。

案例链接

良心油条哥

图1-2 良心油条

刘洪安是河北省保定市财贸学校的大专毕业生,虽然学的是会计专业,但他却自谋职业卖起了早点。

最初,为了省油,他也把炸油条的油底留在第二天再使用。后来,小刘通过媒体了解到,食用油反复加温会产生大量有害物质,会对人体造成很大危害。于是在2012年初,他便使用一级大豆色拉油炸油条,而且每天一换。刘洪安称,自此他卖上了"良心油条"(图1-2)。他还在油锅边上放了一把"验油勺",供顾客随时检验。当顾客对他的承诺有质疑时,刘洪安便会把他们请到"验油勺"前,让他们亲自检验。

有人会问:"良心多少钱一斤"?做"良心油条"会不会赔钱?刘洪安用行动给出了答案:如果想要做,付出不用太多。不但不会赔钱,还会赚钱。只要道德底线向上提高一点,生意不会变差,甚至会更好。

"良心油条"迅速成了网民关注的话题,刘洪安也被网友称为"良心油条哥"。

讨论:结合"良心油条哥"事例,说说人们是以什么标准来评价社会生活行为的?

_____

_____

名言警句

有两种事物,我们愈是沉思,愈感到它们的崇高与神圣,愈是增加虔诚与信仰,这就是头上的星空与心中的道德律。头之上灿烂星空,道德律在心中!

——康德

(二)道德的本质

1. 道德是一种社会意识——道德的一般本质

道德作为一种特殊的社会意识,归根到底是由社会经济关系决定的,是社会经济关系的反映。一方面,道德体系的基本原则和主要规范,都是从利益中引申出来的,有什么样的社会经济关系,就相应地有什么样的社会道德;另一方面,道德作为上层建筑的一部分,适应经济基础的要求而产生,并为其赖以产生和存在的经济基础服务。

2. 道德是特殊的调节规范体系——道德的特殊本质

道德不像法律那样靠国家专门机构强制执行,更多的是依靠个人自觉遵守和通过社会舆论、传统习俗及人们的内心信念来发挥调节作用。如报刊杂志、电视广播、网络等媒体对人的行为和某种社会现象进行评议,宣扬、表彰好人好事,谴责坏人坏事,树立正气,抵制歪风。这种道义上的力量对于人们行为的约束,是法律所不能替代的。

3. 道德是一种实践精神——道德的深层本质

道德对社会经济关系的反映不是消极被动的,而是以能动方式来把握世界,引导和规范人们的社会实践活动。人们正是通过对道德的把握,来感受社会关系的脉动,识别社会发展的方向,确定自身生存发展与社会和自然的关系,并形成自己关于责任和义务的观念,确定自己的道德理想,自觉地扬善抑恶、明辨荣辱,保持社会和个人的健康发展。

案例链接

最美教师张丽莉

张丽莉是任教于佳木斯市第十九中学的一名普通教师。2012年5月8日20时38分,在佳木斯市胜利路北侧第四中学门前,一辆客车在等待师生上车时,因驾驶人误碰操纵杆致使车辆失控撞向学生,本可以躲开逃生的张丽莉奋不顾身将学生推向一旁,自己却不幸被碾到车下,造成双腿截肢,骨盆粉碎性骨折,以至生命垂危。张丽莉用柔弱的身躯谱写了一曲英勇奉献的大爱之歌(图1-3)。

图1-3 最美教师张丽莉

二、道德的起源与发展

(一)道德的起源

道德的起源问题,是伦理学史上争议最多的一个复杂问题,不同学派、不同伦理思想家的回答各不相同。

客观唯心主义者持"神启论"的观点,把道德起源归结于神秘的天启和神的意志;主观唯物主义者持"天赋道德论",认为道德源于人生而有之的东西,如"理性""良知""情感"等;旧唯物主义者持"感觉道德论"观点,认为人的自然本性、本能是决定社会本质的共同的东西,决定共同的人性,因而也决定道德的根本层次。

马克思主义有力地驳斥了各种关于道德起源的观点,认为:道德是人所特有的;道德作为一种社会现象,并不是从来就有的,其产生有多方面的条件,经历了一个漫长的历史过程;社会劳动是道德起源的基础。

首先,社会关系的形成是道德赖以产生的客观条件。道德是社会关系的产物,人的社会关系首先是一种劳动关系,是劳动推动了人的社会关系的形成和发展,是劳动把本来孤立的个体联系起来,形成相互依赖、相互协作的关系。这就是最初的社会关系。孤立的个人不存在什么道德问题。

其次,人的自我意识的形成与发展是道德产生的主观条件。当人们意识到自己作为社会成员与其他动物的根本区别,意识到自己与他人或集体的不同利益关系以及产生了调解利益矛盾的迫切要求时,道德才得以产生。

再次,劳动是道德产生所需要的主客观统一的社会条件。在劳动过程中,人们建立起了比较经常而固定的各种社会关系,并认识到人与自然的关系和人与人之间的关系,从而产生了包括道德意识在内的各种意识。

最后,社会分工是道德从萌芽到生成的关键条件。随着生产和分工的发展,人们之间的社会关系及其相互交往复杂了,产生了每个人的个人利益和与之相交往的人们的共同利益之间的矛盾,从而产生了从道德意识上约束人的行为,调整各种利益矛盾,维系社会秩序的必要性,久而久之便形成了一些最简单的行为规范和准则,这就是最初的道德准则。

人类最初的道德以风俗习惯等形式表现出来。随着社会生产力的发展和社会生活的日益复杂化、多样化,特别是随着人类文明时代的开始,道德逐渐从风俗习惯中分化出来,成为一种相对独立的社会意识形态。迄今为止,人类社会先后经历了五种社会基本形态,与此相适应,出现了道德发展的五种历史类型,即原始社会的道德、奴隶社会的道德、封建社会的道德、资本主义社会的道德和社会主义社会的道德。

(二)道德的发展

道德不是亘古不变的,每一个社会都有与其经济基础相适应的占统治地位的道德;在同一社会形态中,不同的阶级或人群还会有不同的道德。在阶级社会中,占社会统治地位的道德是统治阶级的道德,而同时存在着的被统治阶级的道德则处于从属地位。

人类道德的发展,是一个曲折上升的历史过程。道德发展的规律是:人类道德发展的历史过程与社会生产方式的发展进程大体一致。虽然一定时期可能有某种停滞或倒退现象,但道德发展的总趋势是向上的、前进的,是沿着曲折的道路向前发展的。

人类道德进步的主要表现为:道德在社会生活中所起的作用越来越重要,对于促进社会和谐与人的全面发展的作用越来越突出;道德调控的范围不断扩大,调控的手段或方式不断丰富、更加科学合理;道德的发展和进步已成为衡量社会文明程度的重要标志。

三、道德的作用

名言警句

　　道德能帮助人类社会升华到更高的水平。

　　　　　　　　　　　　　　　　　　　　　　　　——列宁

　　道德常常能填补智慧的缺陷,而智慧却永远填补不了道德的缺陷。

　　　　　　　　　　　　　　　　　　　　　　　　——但丁

(一)道德的社会作用

道德功能的发挥和实现所产生的社会影响及实际效果,就是道德的社会作用。道德的社会作用主要表现在:道德能够影响经济基础的形成、巩固和发展;道德对其他社会意识形态的存在和发展有着重大的影响;道德是影响社会生产力发展的一种重要的精神力量;道德通过调整人们之间的关系维护社会秩序和稳定;道德是提高人的精神境界、促进人的自我完善、推动人的全面发展的内在动力;在阶级社会中,道德是阶级斗争的重要工具。

案例链接

好老板余本银　拾金不昧暖人心

余本银是合肥市蜀山区四海饭店老板。1999年4月的一天,余本银的侄儿张绪景在餐桌上收拾碗筷时,发现桌上有个黑色手提包,便随手将包交给余本银。余本银打开一看,里面有好几万元钱,于是便将手提包收好等待失主来认领。直到下午3点多,仍无人上门认领,余本银搁下生意,带着钱包,与家人一道赶到派出所请公安部门帮忙寻找失主。经当场清点,包内共有现金6.96万元。直到下午5点多,失主祝某某来到饭店寻找手提包,当祝某某在余本银的带领下从派出所所长手中接过钱包时,跪倒在余本银面前,他从包里取出一沓钱向余本银致谢,余本银拒绝了酬谢。像这样将钱物丢落在饭店的客人,余本银开店经营以来遇到的数不胜数。

30多年来,余本银始终秉承"薄利多销、货真价廉、真诚待客"的理念经营自己的餐饮企业。这些年来,她累计拾金不昧归还失主180多次,金额约120多万元,手表、皮衣等财物价值20多万元。

讨论: 通过这个案例,我们得到什么启示?

_____

_____

_____

(二)道德对个体的作用

名言警句

　"德者,本也。"蔡元培先生说过:"若无德,则虽体魄智力发达,适足助其为恶。"

道德的社会功能是通过人的个体功能来实现的。道德对个体来说,具有认识、调节、评价和教化的作用。正是由于这些作用,道德才能规范人的行为,调节人与人之间的关系,从而维护社会正常秩序和促进社会发展。内蒙古鄂尔多斯市为道德模范和身边好人建起"道德林"(图1-4)。

图1-4　"道德林"植树现场

1. 道德具有认识作用

道德是人们认识和反映社会现实状况以及人与人之间关系的一种方式。道德往往借助于道德观念、道德准则、道德理想等形式,帮助人们正确认识社会道德生活的规律和原则,认识人生的价值和意义,认识自己对家庭、他人、社会的义务和责任,使人们的道德实践建立在明辨善恶的认识基础上,从而正确选择自己的道德行为,积极塑造自身的道德人格。

2. 道德具有调节作用

道德通过善恶评价等方式,指导和纠正人们的行为和实践活动,协调人们之间关系。这是道德最突出也是最重要的功能。一个人在社会中的交往,形成了多种多样的交际关系和多种多样的利益关系,怎么交往、用什么态度交往、用怎样的责任心去交往?只有通过道德调节,才能协调好各种关系,让自己的行为更符合社会道德规范。

3. 道德具有教化作用

道德是后天的,人的道德是可以教化的。人们往往通过说理、评价、事实感化、榜样示范和舆论导向等具体方式,化社会道德规范为人们的德性,化"他律"为"自律"。中共中央、国务院印发《关于进一步加强和改进未成年人思想道德建设的若干意见》等文件,就是希望通过道德教育来形成良好的社会道德风尚,培养社会主义的建设人才(图1-5)。

图1-5　公民基本道德规范

人生与道德,须臾不可分离。人人都想获得出彩机会,创造人生价值,人的成长、成才和成功与道德密切相关。

案例链接

全面提高公民道德素质,这是社会主义道德建设的基本任务。要坚持依法治国和以德治国相结合,加强社会道德、职业道德、家庭美德、个人品德教育,弘扬中华民族传统美德,弘扬时代新风。

推进公民道德建设工程,弘扬真善美、贬斥假恶丑,引导人们自觉履行法定义务、社会责任、家庭责任,培育知荣辱、讲正气、作奉献、促和谐的良好风尚。

——摘自党的十八大报告

案例链接

向道德楷模学习

在社会主义建设时期涌现出许多道德楷模,他们在各自不同的战线上做出了平凡而伟大的工作业绩,成为我们学习的榜样。

雷锋、焦裕禄、王进喜、孔繁森、郑培民、任长霞、牛玉儒、方永刚等就是其中的杰出代表。

讨论:概括介绍这些道德模范的共同特点。请说说他们的事迹,结合自身谈谈应该怎样向他们看齐。

四、道德与法律的关系

与道德一样，法律也起到调整、处理人们之间社会关系的行为规范的作用，二者构成了人类社会行为规范的基本类型。道德和法律之间既相互区别，又相互作用、相互影响、相互渗透和相互补充。

(一) 道德与法律的区别

1. 产生的时间不同

道德的产生与人类社会的形成同步，是维系一个社会最基本的规范体系，道德要比法律的产生早得多。法律产生于原始社会的末期。随着社会发展到阶级社会，社会分裂为统治阶级和被统治阶级，统治阶级为了维护自己的利益，建立了国家机器，才制定了法律。

2. 依靠的力量、实现的方式不同

道德主要靠社会舆论的褒贬、传统习惯、教育感化和典型示范来唤起人们的知耻心，以培养人们的道德责任感和善恶判断能力来进行调控。法律由国家制定，并通过一套具有威慑力量的国家机器(如军队、警察、法庭等)强制执行。所以，一个人做事如果违反了法律，无疑会受到国家机器的强制性惩罚；如果一个人违反了道德规范，就会受到舆论的谴责和良心的审判。这种有形无形的压力，往往对一个人的品行产生极大的影响。

3. 作用的范围不同

道德的作用范围要比法律广泛得多、深入得多。法律只干涉人们的违法犯罪行为，也就是说，只有当人们的行为直接触犯法律时，法律才干涉，作用范围是有限的。而道德不仅调解人们的外部行为，还调解人们的动机和内心活动，它要求人们根据高尚的意图而行为，要求人们为了善而去追求善，所以道德力量能管到法律管不到的地方。例如，一个人背着别人做了不道德的事情，从良心上就有内疚的压力，道德的影子始终跟随着他，这就是道德规范不可替代的作用。

(二) 道德与法律的联系

1. 作用方面

道德和法律所起的作用相辅相成、相互促进。

在国家生活的范围内，法律管制和道德教化往往服务于相同的目标，国家和统治阶级在实施社会管理的过程中，普遍采取的做法是把法和德结合起来。用孔子的话说既要"齐之以刑"，又要"齐之以礼"。也就是：一方面用政令来诱导人民，用刑法来制约他们；另一方面用道德来引导人民，用礼数来约束他们。在日常生活中，道德和法律虽然管辖的事务有所不同，但二者通过功能上的互补，实现社会秩序的稳定和人际关系的和谐。

2. 内容方面

道德和法律的内容相互重叠、共同作用。

在某种特定的情况下,道德意义上"应该"同时也是法律意义上的"必须"。比如,一个人因交通肇事逃逸,造成被撞人员未得到及时抢救而死亡,法律根据情节和后果,追究其法律责任。从道德上讲,因交通肇事逃逸,造成被撞人员死亡,肇事者不仅要受到法律的制裁,而且也受到社会舆论的谴责,其内心深处或许也会谴责自己。所以,凡是法律所禁止的行为,道德上也是不允许的。

3.二者联系

道德和法律在某些情况下会相互转换。

道德先于法律而产生,人类最初的行为规范都表现为道德,法律是阶级和国家产生之后从道德规范中派生和转化而来的,成文法的形成以习惯法为基础,而习惯法的内容主要由原始社会的道德、宗教习俗构成。所以,在人类文明的发展史上,道德和法律相互转化的现象十分普遍。但随着社会的发展,一些道德问题逐渐凸显出来,被认为对社会非常重要并有被经常违反的危险,立法者就有可能将之纳入法律的范畴。反之,有些则有可能退出法律领域而转为由道德来调整。

第二节 职 业 道 德

学习目标

1.了解职业、职业道德的产生与发展。

2.熟悉职业道德的含义、特征。

3.掌握职业道德的作用。

4.理解职业道德未来发展的趋势。

建议学时:4学时。

案例链接

由洗碗引出的思考

一个中国留学生在日本东京一家餐厅打工洗盘子,老板要求必须洗6遍,一开始他还是照老板说的去洗6遍,后来他发现洗5遍还是一样的干净,然后他就少洗一遍,再后来他发现洗4遍还是一样的干净,他就洗4遍,他还告诉另一个日本的员工让他也这么做,可那个日本的员工惊讶地看着他说:"老板要我们洗6遍,我们就该洗6遍,怎么能少刷一遍呢?"。

讨论:如果你是老板,你希望要一个什么样的员工?

_____

_____

_____

一、职业

(一)职业及特征

在社会生活中,每个人都从事着各种不同的职业。职业(Career)是指个人按照社会分工所从事的相对稳定、合法、有报酬的工作。教师、警察、会计、医生、厨师、秘书、驾驶人、理发师、保安、清洁工、咨询师、作家等,都是职业的名称(图1-6)。

图1-6 职业的种类

我国是世界上最早出现职业和职业活动的国家之一。2500年前的儒学经典就记录过当时的职业和职业活动。《春秋·谷梁传》中记载:"立者立国家,百官具,农工皆有职以事上。古者有四民:有士民,有商民,有农民,有工民。"《周礼》如一部古代的职业分类大辞典,尤其是其中的《周礼·考工记》,记载不同职业的分工和职责,分类之精细和描述之详细令人叹为观止。

在现代社会,随着工业革命带来的精细化分工及现代人文精神的融入,职业分类趋于多样化,并且呈现出个性化的特点。

但不管职业怎么变,都具备以下基本特征:

第一,社会性。任何一种职业都不能独立存在,它是人类在劳动过程中的分工现象,是整个社会体系中的一个环节;从事某个职业的人,都是在从事着与其他社会成员相互关联、相互服务的社会性活动。

第二,经济性。职业的经济性也叫职业的功利性,指人们在赖以谋生的职业活动中得到一定的现金或实物回报。这种回报既能满足职业者自己的需要,维持个人的基本生存;同时,也满足社会需要,激励人们为社会提供更多更优的职业劳动以获得更多的积极回报。

第三,规范性。职业活动必须合乎法律规定,否则就不属于职业的范畴,比如"传销员"就不是职业。职业活动还必须遵守相应的职业规范,否则就会损害职业的社会功能,比如军人的天职就是无条件地保卫国家。

第四,技术性。每一种职业都具有一定的技术含量和技术规范,包括必要的知识和技能。即使是最简单的职业活动,也存在着方法问题。技术性越强的职业对从业者的素质要求越高,所获取的报酬也越多。

第五,稳定性。职业的稳定性也称连续性。一般情况下,职业都有较长的生命周期,从而吸引相当数量的人长期从事这项工作。对一个人而言,也只有长期从事某一种职业,才会拥有稳定的社会形象,也能让家人和自己有稳定的生活。

第六,时代性。职业的产生和演变与时代的发展紧密相关,尤其是当代科学技术和社会文明的突飞猛进更使得职业这种演变呈加速之势。主要表现在新的职业不断产生,而一些传统职业要么被淘汰,要么被赋予新的内涵。

2015 年 7 月,我国颁布了新修订的《中华人民共和国职业分类大典》,将我国的职业归为 8 个大类、75 个中类、434 个小类、1481 个职业。与 1999 版相比,维持 8 个大类,增加 9 个中类和 21 个小类,减少 547 个职业。

案例链接

职业变迁是社会变迁的晴雨表

修订版的《中华人民共和国职业分类大典》中,职业分类增加了"快递员""网络信息安全管理员"等 300 多个新职业,也有 800 多个传统职业被取消。

请你列举说说还出现了哪些新职业。消失的职业又有哪些?

拓展互动:试着将你的家族成员的职业填入家族职业树中(图 1-7),然后在班级范围交流。

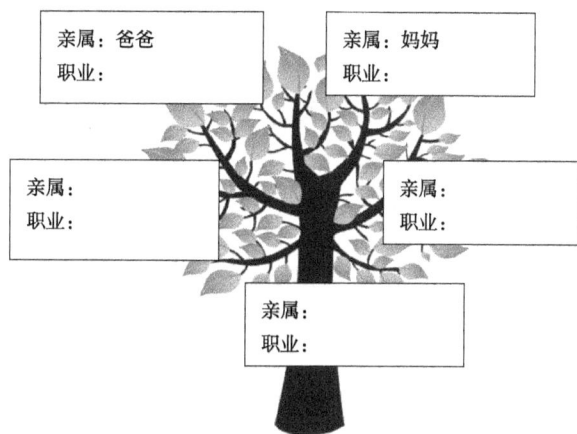

图 1-7　家族职业树

(二)职业形成和发展的影响因素

职业以社会分工为基础,其形成和发展主要受到下面两个因素的影响。

1.科学技术的进步与应用

科学技术的进步和应用会促成新的社会分工,并且会改变劳动方式和劳动过程,从而形成新的职业或改变现有职业的活动内容与活动方式,这样的例子数不胜数。例如现代纺织技术改变了纺织劳动,造就了现代纺织工人;电子计算机使得一大批人成为计算机操作者,从事与计算机相关的职业;手机的普及又带来一大批人以手机销售、维修为谋生手段;网购的迅速发展,使快递业成为一些人的职业;汽车的爆量增长延伸出了很多新的职业等。所以,科学技术是推动社会生产力发展的主要动力,也是促进职业形成与发展的最重要因素。

2.社会需求

职业的形成和发展离不开社会需求的拉动,这在第三产业领域表现得更为明显。如因节约家务劳动时间的需要,催生了家政服务这个职业;因家庭投资理财的需要,使个人理财顾问成为一个新兴职业;快递公司的员工使人们足不出户就能寄送、收取信函和物品;为提高核心竞争力,一个组织可以把自己的非核心业务外包给专业公司,从而兴起了诸如人力资源代理、财务代理、工商税务代理等职业。

可以预计,随着人类进步和社会发展,组织、个人和家庭需求的日益多样化和需求水平的不断提高,为满足这些需求而形成的职业将会越来越多。因此,关注科学技术的进步和应用,关注社会需求的变化,会使我们的职业选择更加多样和灵活,职业发展的空间也会越来越大。

二、职业道德的含义和特征

(一)职业道德的含义

职业道德是指从事一定职业的人,在职业活动的整个过程中必须遵循的符合职业特点要求的行为准则、思想情操与道德品质。它涵盖了从业者与服务对象、职业与职工、职业与职业之间的关系,既是对从业人员在职业活动中行为的标准和要求,也是职业对社会所负的道德责任与义务。

由于人们的职业不同,如职业的对象和职业活动的条件不同,各种从业者对社会所承担的职责也会不同。为了保证职业活动的正常进行,各行各业逐渐产生了一些约定俗成的特殊要求,包括职业品德、职业纪律、专业胜任的能力及职业责任等,通过公约、守则、制度等形式加以规范,进而形成了从业者的行为规范和道德要求,这就是职业道德。

理解职业道德的内涵,需要准确把握以下四点。

(1)在内容方面,职业道德总是要鲜明地表达职业义务、职业责任以及职业行为上的道德准则。它不是一般地反映社会道德和阶级道德的要求,而是反映职业、行业甚至产业特殊利益的要求;它不是一般意义上的在社会实践基础上形成的,而是在特定的职业实践基础上形成的,因此它往往表现为某一职业特有的道德传统和道德习惯,表现为从事某一职业的人们所特有的道德心理和道德品质,甚至造成从事不同职业的人们在道德品貌上的差异。如人们常说,某人有"军人作风""工人性格""农民意识""干部派头""学生味""学究气""商人习气"等。

(2)在表现形式方面,职业道德往往比较具体、灵活、多样。它总是从本职业交流活动的实际出发,采用规章制度、工作守则、文明公约、服务承诺、劳动须知、企业誓言、条例以及标语口号之类的形式,这些灵活的形式既易于为从业人员所接受和实行,且易于形成一种职业的道德习惯。

(3)从调节的范围来看,职业道德一方面是用来调节从业人员内部关系,加强职业、行业内部人员的凝聚力;另一方面,它也是用来调节从业人员与其服务对象之间的关系,用来塑造本职业从业人员的形象。

(4)从产生的效果来看,职业道德既能使一定的社会或阶级的道德原则和规范"职业化",又使个人道德品质"成熟化"。职业道德与各种职业要求和职业生活结合,形成比较稳定的职业心理和职业习惯,并在很大程度上改变人们在青少年生活阶段所形成的品行,影响道德主体的道德风貌。

总之,职业道德规定人们在工作中应该做什么,不应该做什么,每一个从业者都应该自觉遵守和忠实履行自己的职业责任和义务。更重要的是职业道德倡导人们应该将工作做到最好,同时给人们的职业活动划定了一条不能突破的底线,如果突破了这一底线,就是不道德,或者叫"缺德"。

案例链接

"海因茨难题"

在欧洲,一位妇女患有一种特殊的绝症,医生们认为只有一种药或许能挽救她的生命,那是她所在镇上的药剂师最新研制的药。这种药成本昂贵,而且这位药剂师向购买者索要10倍于成本的高价,他将成本200美元的药提高到2000美元。这位病人的丈夫叫海因茨,他因妻子久病已用尽所有积蓄,也向认识的所有人都借了钱,但只凑得1000美元。他恳求药剂师允许其先付此数取药回去救他妻子一命,余款保证稍后补足。药剂师拒绝并称卖药的目的只求赚钱,不考虑其他问题。海太太性命危在旦夕,海先生走投无路,就在夜间闯进了药店,为他妻子偷了治病的药。

讨论:你如何看待这个故事中药剂师的行为和海因茨偷药救妻的行为?

_____

_____

_____

(二)职业道德的特征

职业道德是道德的重要组成部分,是道德规范的特殊领域,它具有鲜明的特征。

1.行业性

职业道德的行业性是指职业道德所规范的是每一种行业的从业人员的职业行为,只是用于本行业,不具有全社会的普遍适用性。职业道德是与职业分工、职业活动紧密相连的,是在具体的职业活动中所形成的带有行业特点的行为准则,如"救死扶伤"适用于医疗领域,"尊重事实"适用于新闻行业,"为人师表"适用于教育领域等。可以说,有多少种职业分工,就有多少种职业道德。

职业道德的行业性主要表现为:职业道德虽有共同的特征和要求,存在职业道德的通用内容,但在某一特定的行业和具体的岗位上,职业道德以约束本行业、本岗位从业人员的职业行为为主,有与该行业和该岗位相适应的具体职业道德规范,对其他行业、岗位不具约束力。因此,它的使用范围是特殊和有限的。如记者为有偿新闻说假话是职业道德所不允许的,会计人员做假账也是职业道德不允许的,但医生对特殊病人说"假话",鼓励他建立自信、保持乐观是可以的。

职业道德的行业性特征鲜明地表达了该行业、该岗位区别于别的行业和岗位,也是职业道德区别于一般道德的显著特点。

名言警句

实际上,每一个阶级,甚至每一个行业,都各有各的德。

——恩格斯

互动游戏:接龙

行有行规、业有业德

教师职业道德要求:诲人不倦、教书育人

财会人员职业道德要求:客观公正、廉洁自律

商业服务人员职业道德要求:顾客至上、公平交易

导游职业道德要求:热情服务、不卑不亢

……请你接下去,看谁接得多。

2. 养成性

职业道德不会自发产生,一个人如果要成为一个职业道德高尚的从业者,就需要有一个从认知职业道德规则到养成职业道德行为习惯和职业道德信念的过程。比如一个商人要真正做到"诚信经营,童叟无欺",首先要知晓这个规则的重要性,在经营中,商人会碰到同行竞争、成本上升、顾客挑剔、利益诱惑等种种情况,这时就需要商人坚守道德良心的底线,并具备恪守规则的意识,最终将"诚信经营,童叟无欺"落实到行动中,并形成内心的道德信念。

3. 多样性

随着社会的不断进步、科学技术突飞猛进的发展,社会分工也向着多样化、精细化方向发展。社会分工的多样性决定职业的多样化,也决定职业道德的多样性。不同的行业、不同的职业有不同的职业道德标准。如军人的职业道德,首先是无条件服从命令,勇往直前的杀敌精神,以及宁肯死于战场也不临阵脱逃或举手投降的英雄气概。一个科学家的职业道德,无论其具有怎样的集体主义和协作精神,首先要把尊重事实,坚持真理摆在第一位。

所谓"不唯上,不唯书,只唯实",这就是说,职业道德在不同的职业之间虽然有相通之处,即共性(如敬业、诚信),但在某一特定的行业或具体岗位上,职业道德的具体内容和要求各不相同。

另外,多样性还表现在有的职业道德以条文的形式向人们公布,比如我国的《律师职业道德》《会计职业道德》等;有的是以标语的方式公布,比如商场里的"顾客第一,热情服务",工地上的"质量就是生命"等;有的是同事之间、师徒之间心照不宣的等。

4. 时代性

职业是随着社会的发展而变迁的,职业道德的要求也会出现变化,而且同一职业在不同时代也会表现出不同的特点。以财会人员为例,在社会主义市场经济条件下,随着改革开放的不断深入,企业类型越来越多样化,财会人员所维护的不仅仅是企业和国家的利益,还涉及委托人与受委托人的多方利益。因此,在新形势下,对财会人员职业道德的要求更高。

案例链接

2008 年修订的《中小学教师职业道德规范》新增了"志存高远""素质教育""知荣明耻""终身学习""探索创新"等词,增加"保护学生安全""自觉抵制有偿家教"等内容,这是 21 世纪对教师的时代要求,也是与时俱进在新规范中的具体体现。

5. 自律他律结合性

职业道德得到从业人员内心的认同、敬畏和尊崇,自觉依据职业道德对自身利益和欲望加以节制,这就是职业道德的自律性。

职业道德对从业人员的职业行为有引导、规范和约束作用,从业人员如果违反了职业道德,就会受到同行、社会的谴责,甚至会因而失去相应的从业资格,这就是职业道德的他律性。

案例链接

道德自律和他律的力量

几个人驾车从澳大利亚的墨尔本出发,去往南端的菲利普岛(又称企鹅岛)看企鹅归巢的美景。

从车上的收音机里他们得知,企鹅岛上正在举行一场大规模的摩托车赛。估计在他们到达企鹅岛之前,摩托车赛就要结束,到时候会有成千上万辆汽车往墨尔本方向开。由于这条路只有两车道,所以他们担心会塞车,并担心因此错过观赏的最佳时间。

担心的时刻终于来了,离企鹅岛还有60多公里时,对面蜂拥而来大批的车流,其中有汽车,还有无数的摩托车,可是他们的车却畅通无阻!

后来,他们终于注意到对面驶来的所有车辆,没有一辆越过中线!这是一个左右"极不平衡"的车道,一边是光光的道路,一边是密密麻麻的车子。

然而没有一个"聪明人"试图去破坏这样的秩序,要知道,这里是荒凉的澳洲最南端,没有警察,也没有监视器,有的只是车道中间的一道白线,看起来毫无任何约束力的白线。这种"失衡"的图景在视觉上似乎丝毫没有美感可言,可是却令人渐渐地感受到了一种震慑。

设想,如果在这条道路上,所有车辆都不遵守交通规则,擅自行事,那么结果会怎样?

讨论:你读了这个故事有何感受? 对你有何启发?

_____

_____

_____

练习:请收集身边职业道德他律性的例子,与同学分享。

三、职业道德的形成与发展

职业道德与职业一样,不是从来就有的,其产生和发展的根本原因和客观基础,是人类社会生产力的发展及其社会化分工。

(一)职业道德的萌芽阶段——原始社会末期

原始社会的早期和中期,生产力水平极其低下,人们靠采野菜、打鱼狩猎为生,男女老幼一起参加这些劳动,没有专门的社会分工,也没有专门的职业,因此不存在职业道德。

原始社会末期,由于生产和交换的发展,出现了农业、手工业、畜牧业的分离,自然而然地出现了不同的职业分类,产生不同的职业联系和职业关系。职业之间承担的职业职责不同,产生各自的职业利益和需要,慢慢萌芽了调节、指导、约束人们职业行为的职业道德。

由于原始社会的生产力不发达,分工也比较简单,调整人们之间职业分工的职业道德较少,所以原始社会的职业道德尚处于萌芽阶段。

(二)职业道德的形成阶段——奴隶社会

进入奴隶社会,随着生产力的发展,出现了更加深刻的具有决定意义的第三次社会大分工,即农业和商业以及脑力劳动和体力劳动的分离。社会分工日益发展,逐渐形成了人们之间错综复杂的职业关系。这种与职业相关联的特殊的社会关系,需要有与之相适应的特殊的道德规范来调解,职业道德就是作为适应并调解职业生活和职业关系的行为规范而产生的。

《周礼·考工记》记载,职业分工有以下六种,即王公、士大夫、百工、商旅、农夫和妇功,并详细指出,王公(高级统治集团)之职是"坐而论道";士大夫(官僚和小贵族)之职是"作而行之";百工(手工业者)之职是"审曲面势,以饬五材,以辨民器";商旅(坐商行贩)之职是"通四方之珍异";农夫之职是"饬力以长地材";妇功(家庭妇女)之职是"治丝麻以成之"。

公元前5世纪古希腊的《希波克拉底誓言》(图1-8)中提出了医生的职业道德规范:"无论至于何处,遇男或女,贵人及奴婢,我之唯一目的,为病家谋幸福。"

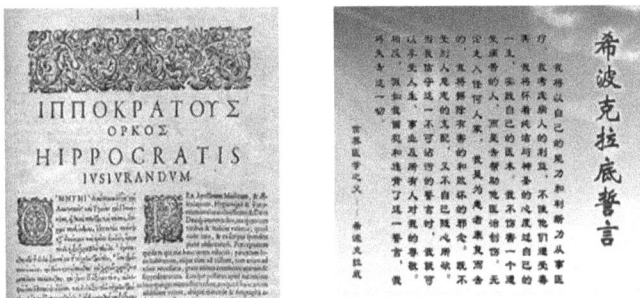

图1-8 希波克拉底誓言

(三)职业道德的初步发展——封建社会

职业道德在封建社会得到初步发展。职业不同,职业道德也就不同,例如在欧洲中世纪,出现了各种不同行业所制定的章程;在我国,从隋唐到明清,也出现了各种各样的帮会,如手工业帮、商人行帮等,在行帮内部的师徒之间、学徒之间、行帮会员之间以及同整个社会成员之间都形成了一些协调相互之间关系的职业道德准则。

"人无信不立""有教无类""公平交易"等都是这个时期优秀的职业道德遗产,但由于封建社会自给自足的经济和等级森严的政治制度,各种职业道德不可避免地带有浓厚的封建色彩,如"父子相传""重农抑商"等,在一定程度上阻碍了职业道德的发展。

(四)职业道德的快速发展阶段——资本主义社会

资本主义社会,工业革命推动了生产力的发展,社会分工趋向于精细化和专业化,出现了几百种甚至几千种新的职业,人们之间的交往和联系越来越频繁,职业道德对人类维系、调节、规范、约束等作用越加显现,因此,人们对职业道德越来越重视,职业道德在这个时期有了较高程度的发展。一些职业道德规范更加接近或已经完全具有了现代意义上的职业道德的涵义。如"文明经商、注重效益""见客面带三分笑"等,都是值得我们借鉴和吸取的。

当然,资本主义社会仍是以私有制为基础的社会,各种职业道德要受到利己主义、个人主义道德原则的影响,带有很大的局限性,如唯利是图、金钱至上等。

(五)职业道德质的变化阶段——社会主义社会

进入社会主义社会,实行生产资料公有制,职业道德的性质发生了质的变化,形成了新型的职业道德。各行各业共同遵循为人民服务的道德原则,成为社会主义和共产主义道德体系的重要组成部分。社会主义社会的各行各业没有高低贵贱之分,在职业内部的从业人员之间、不同职业之间以及行业与社会之间没有根本的利害冲突,因此,不同职业的人们可以形成共同的要求和道德理想,树立热爱本职工作的责任感和荣誉感。

社会主义和共产主义道德,是人类道德发展合乎规律的必然产物,是人类发展史上一种崭新类型的道德,是对人类道德传统的批判继承,并必然随着社会的进步和时代的发展而与时俱进。

(六)职业道德在21世纪的发展

在信息瞬息万变、现代工业日益发达的今天,社会分工、技术分工日益细致,职业分化的势头进一步加快,职业的专业化、智能化、综合化是职业未来发展的趋势,社会发展和科技进步将使与第三产业有关的职业得到发展。

第三产业的兴旺发达是现代经济的一个重要特征。在当今世界,第三产业的发展水平已成为一个国家或地区生产力发展水平的重要标志之一。在经济发达国家,从事第三产业的人员已占全部就业人员的一半以上,有的国家甚至达到70% ~80%的水平。

中国正大力倡导发展第三产业,从事第三产业的人数日益增多。成功无小事,我们要不断制定、完善各行各业的职业道德规范,逐渐培养从业人员稳定的职业心理和职业习惯,积极塑造本行业从业人员的良好形象。

四、职业道德的作用

职业道德不仅对个人的生存和发展起着重要的作用,而且与企业的兴旺发达生死存亡有着密切的联系。职工如果具有良好的职业道德,不仅有助于自身的发展,有利于协调职工与企业之间、职工与领导之间、职工与职工之间的关系,有利于增强企业的凝聚力和向心力,也有利于企业的科技创新,提高产品和服务的质量,降低产品成本,树立良好的企业形象和竞争力。

(一)加强职业道德建设,有助于个人自身事业的发展

人必须通过劳动才能维持自身的生存,也必须通过劳动才能取得自身的发展。一个人的劳动态度如何,劳动中如何处理与领导、与同事、与企业甚至与服务对象之间的关系,都会

涉及个人的职业道德。个人良好的职业道德,会在劳动中体会到人生的乐趣,实现人生的价值,促进自身的发展和人格升华。

1.职业活动是人的全面发展的最重要条件

首先,职业活动是人生历程中的重要环节。人生要经历幼年、童年、少年、青年、成年、老年、垂暮之年。在正常的成年人生旅途中,正常的成年人都要在一定的阶段从事一定的职业活动。我们每一个人除了在学校获得进入社会所必需的一些书本知识外,其社会化过程最重要的步骤大都是在职业活动中完成的。每个人都是社会的一分子,离开社会不可能有个人的成长、发展和完善。在社会生活中,人们相互联系最重要的桥梁之一,就是人们所从事的职业活动。具体的职业活动要求人们去不断学习、模仿,形成经验,提高能力,使自己不断趋向于成熟和完善。

其次,职业活动是使人获得全面发展的重要途径。从人类的发展看,人类的历史就是一部人类自我塑造的发展史。通过认识和掌握规律,人不仅做自然的主人、社会的主人,而且做自身的主人。做自然的主人就要掌握自然科学,做社会的主人就要有对社会历史科学的通晓,做自身的主人就要有远大的理想、高尚的情操、敏锐的思维,并能在社会中肯定自己。

事实证明,一个人只有热爱科学,不断追求真、善、美,才能逐步提高自己全面发展的水平,不断丰富自己的人生。

2.职业道德是事业成功的保证

首先,缺乏职业道德的人不会有出色的工作。企业要在市场中求得生存与发展,不仅仅需要借助于现代经营管理经验和技术,而且企业家和企业职工需要有较高的职业道德水平。如果企业家和职工不讲职业道德,让不道德的经营成风,那么,假冒伪劣将充斥市场,市场就只能是一个病态、不正常的市场,不能形成真正的社会主义市场经济。同时,如果企业家对职工不讲道德,以"主"凌"仆",则企业职工就会不忠于职守,缺乏质量意识和团结协作精神,那么就造成企业内部人际关系紧张,最终导致企业的瓦解,甚至破产、倒闭。一个人如果想成就一定的事业,就离不开职业道德。

其次,职业道德是个人事业成功的重要条件。卡耐基曾经说过:"一个人事业上的成功,只有15%是来自于他的专业技术,另外的85%靠人际关系、处世技能。"这里的处世技能主要指与人沟通和交流能力、协作能力,以及宽容心、进取心、责任心和意志力等品质。如果一个人想要有所成就、有所作为,首先得从学习如何做人、如何做事开始,脚踏实地,一步一个脚印去努力。

最后,每一个成功的人往往都有较高的职业道德。当职业道德具体体现在一个人的职业生活中的时候,它就具体内化为职业品格。职业品格包括职业理想、进取心、责任感、意志力、创新精神等。在每一个成功的人身上,这些品质往往都得到了充分的体现。很难想象一个既没有职业理想,也没有进取心、责任感、意志力等品质的人能够在事业上有所成就。

案例链接

"大国工匠"卢仁峰

内蒙古自治区劳动模范卢仁峰是内蒙古一机集团的焊工,也是该集团国家技能大师工作室的带头人。近年来,他带领团队先后完成了"解决轮式车辆焊接变形和焊缝成型"等23项技术难题的攻关,取得了38项创新成果。其中,"解决轮式车辆焊接变形和焊缝成型"项目为企业创造经济价值500万元以上,工作室开展的"新型民品科研项目'铝摇枕'焊接攻关",填补了兵器集团在这一领域的空白,为彻底解决高速列车枕梁完全依靠进口的问题奠定了基础。工作中,作为一名全国知名的"大国工匠",他把很大的心血都花费在了带徒弟和团队建设上,先后带出了全国劳动模范王文山、自治区劳动模范翟兴刚、五一劳动奖章获得者付阿什楞等100多名徒弟,他们个个都成了技术骨干。他总结提炼出的"三顶焊法""短段逆向操作法""带水带压焊法"等一批先进操作法,已经成为全公司焊工学习成长过程中必学的"宝典"。

3. 职业道德是人格的一面镜子

首先,人的职业道德品质反映着人的整体道德素质。人的道德素质是人的综合素质的一个方面,它自身包含着丰富的内容。从道德的结构来看,人的道德素质包括道德认识、道德情感、道德意志、道德行为等内容;从道德可能涉及的领域来看,包含恋爱、婚姻、家庭道德、职业道德和社会公德等。尽管采取的标准不同,且这些素质可以划分为相互区别的不同内容,但它们是相互联系的。

其次,一个人的职业道德的提高有利于他的思想道德素质的全面提高。职业劳动不仅仅是一种生产经营的职业活动,也是一种能力、纪律和品格的训练。在职业劳动中,它不仅能够活跃人们的思维,增强人们的组织纪律性,还能够培养人们敬业、勤奋、专心致志、自我克制、自我牺牲、善于同情和体谅他人的好品性(图1-9)。

最后,提高职业道德水平是人格升华最重要的途径。3000多年来的中国社会,家庭(血缘家族)一直是社会的细胞。因为在家庭道德、社会公德和职业道德三个领域中,一直以家庭道德为中心,随着社会和经济的发展,尤其是在市场经济充分发展之后,企业将逐步取代家庭在社会中的重要地位,成为社会的主体。职业道德在整个道德体系中也将越来越重要。新的职业道德观念,将对新的家庭、婚姻道德和公共道德观念的形成,产生极为重要的影响。"服务意识"将成为新的核心理念。从职业道德的角度上讲,服务意识表现为服务态度和服务质量,并体现在以下的基本规范中:忠于职守、敬业乐业;业务精深、服务优质;协同合作、团结守纪;公平公正、诚实守信等。

图1-9 张秉贵工作照

案例链接

"燕京第九景"——张秉贵

北京著名的商场——王府井百货大楼,在它宽阔的广场上,矗立着一座永久性的青铜雕像,它是一名普通的售货员、全国著名劳动模范——张秉贵的雕像。碑座上有我国老一辈无产阶级革命家陈云同志的题词:"一团火"精神耀神州。用以表扬张秉贵在平凡的岗位上做出了不平凡的业绩。其"一抓准""一口清"的售货绝技很有名。"一抓准"是指不论顾客买多少糖果,他只要用手往糖果堆里一抓,准和顾客要的分量差不了一两块。"一口清"就是不管顾客一次要买多少种糖,每种糖要多少分量,他都能一边称重包装,一边随口将价钱算得一清二楚,说得分毫不差。张秉贵工作照如图1-9所示。

能有这样的技能,一点也不容易。常言道:"台上一分钟,台下十年功。"为了练就过硬的本领,张秉贵用旧报纸当包装纸,用瓦片、木块当糕点,用鹅卵石当糖果,在业余时间反复练习售货技术。

在接待顾客时,张秉贵的眼、耳、口、手、脚、脑六个器官同时并用,通过眼神、语言、动作、表情表达出热情周到的服务态度。在出售糖果时,只见他拿货、包装、报价、收款找钱一系列动作快速准确,如行云流水一样顺畅,让人看了会觉得简直就是一种艺术享受。许多人慕名而来,专为看他售货。

张秉贵把售货技能概括为七个字:"一懂四会八知道。"一懂是懂得进、销业务的一般规律,了解市场需求;四会是会使用、会调试、会组装、会维修;八知道是知道商品的产地、价格、规格、质量、性能、特点、用途和使用保管方法。正因为这样,他才在自己的岗位上作出了突出的贡献。在他辞世22年后的2009年,张秉贵被评为新中国60名"最具影响力劳动模范"之一和100名"感动中国人物"之一。

这个案例对你有什么启示?

_____

_____

(二)加强职业道德建设,有助于增强企业的凝聚力

1.职业道德是协调职工同事关系的法宝

在企业内部,接触最多的是地位相同或工作相近的人,这种交往构成了企业内部人际关系的主体。员工有较高的职业道德,使职工同事间保持和谐、默契的关系,能增强职工在企业工作中的满意度和凝聚力,有利于企业的健康发展。

2.职业道德有利于协调职工与领导之间的关系

在企业内部,职工与领导的关系,一定意义上说是互偿、互助和互利的关系。职工对领导的工作要支持,领导对职工的工作和生活要关心。如果职工与领导相处和谐、融洽、默契,双方都会感到心情愉快,就能够提高各自对工作的满意度;如果领导信任和尊重职工,就会调动职工的主人翁精神和责任感,激发职工的工作积极性、主动性和创造性,促使职工为企业创造更多的财富,促进企业的发展和繁荣;如果职工尊敬领导,卓有成效地完成领导交办的各种任务,就会受到领导的信任,乃至获得更多晋升的机会。这些都是职业道德所起的作用。

3.职业道德有利于协调职工与企业之间的关系

在企业内部,职工与企业的关系是企业各种关系中最重要的一种关系,也是其他各种关系的基础。任何一个企业都不能没有职工,没有职工企业就不成其为企业;职工也不能失去企业,如果企业破产或倒闭,职工就会失去工作,丢掉饭碗,影响到职工一家人的生活。由于

企业是法人组织,企业的各种规章制度、经营理念、价值观以及发展战略目标等,主要通过企业所有者和高级经营管理者的意志来体现,对普通职工而言具有较高的权威性。在职工与企业的关系中,企业居于主导支配的地位,而职工则处于受支配和服从的地位。所以,要保证职工与企业关系的协调,职工就必须具有较高的职业道德水平、高度的主人翁意识,能自觉和正确地处理个人利益与企业整体利益的关系,自觉维护企业的形象,达到企业和职工同呼吸、共命运。

(三)加强职业道德建设,有助于提高企业的竞争力

科普小知识:酒污水效应

如果你把一汤匙的酒倒进一桶污水里,你得到的是一桶污水;如果你把一汤匙的污水倒进一桶酒里,你得到的还是一桶污水。也就是说这"污水"的能量是相当惊人的,它的破坏力也是巨大的。

随着新技术革命的到来、经济全球化趋势的增强,企业在市场中的竞争越来越激烈,竞争的内容也由原来的产品成本的竞争转向质量、价格、服务、产品品牌和企业形象的综合竞争。竞争的范围由线下转向线上,从实体店转向网络销售,从国内转到国外。所以,任何企业要想在竞争中获得生存和发展,就必须提高企业竞争力,企业竞争力的提高最终依赖于企业的广大职工,依赖于职工职业道德觉悟的提高。具体体现在以下几个方面。

1.职业道德有利于企业提高产品和服务的质量

产品和服务的质量是企业的生命,任何企业若不能保证它所提供的产品和服务的质量,那么这个企业即使暂时赢得了很大的利润,最终仍摆脱不了破产和倒闭的命运。世界上许多著名的大公司,都把保证产品的质量和为顾客提供最优质的服务,作为企业生存和发展的根本。所以,企业要提高产品的质量,给顾客提供优质的服务,就必须重视职工职业道德的教育和提高。加强职工职业道德培训如图1-10所示。

图1-10 加强职工职业道德培训

2.职业道德可以降低产品成本、提高劳动生产率和经济效益

企业如果能有效地降低产品成本,就可以提高企业的利润率,就能提高产品在市场上的竞争力,保证企业的发展和繁荣。要降低产品的成本,就要求职工必须具有较高专业技能的同时,还要有较高的职业道德。

3.职业道德可以促进企业的技术进步

市场在资源配置中起决定作用,这就决定了今后的竞争是市场经济体制下的激烈竞争。新技术、新产品的开发,关系着企业的生死存亡,谁抢先推出新产品,谁就能快速占领市场,在竞争中获胜,并获得高额利润。新技术、新产品的开发取决于企业职工是否具有创新意识、创新能力和创新动力,也取决于企业是否具有创新氛围和一支有创新素质的稳定的职工队伍。所以,职工具有良好的职业道德,有利于职工提高创新能力,有利于企业的技术进步。

4.职业道德有利于企业摆脱困难,实现企业的转型升级

任何企业的发展都不可能一帆风顺,会遇到这样或那样的困难和挫折。当企业遭受挫折时,如果职工有崇高的职业道德,能爱厂如家,从企业的大局着想,自觉舍弃和牺牲个人利益,与企业同舟共济、奋力拼搏,帮助企业摆脱困难,走出困境,起死回生。反之,若职工与企业离心离德,不能共渡难关,最后企业将破产和倒闭。这些都是职工职业道德的高低导致的结果。

5.职业道德有利于树立良好的企业形象,创造企业著名品牌

图1-11 北京同仁堂药店

在人们的物质和文化生活要求基本得到满足的情况下,人们的消费将更多地关注品牌。具有良好社会信誉的企业商品已成为人们的首选。一种商品品牌不仅标志着这种商品的质量高低,还标志着人们对这种商品信任度的高低,而且蕴涵着一种文化品位,代表着一种消费层次。像华为、格力、海尔等著名品牌不仅对消费者具有巨大的吸引力,而且它本身就具有重要的品牌价值。任何一个具有长远发展战略眼光的企业,都会竭尽全力去创造出其著名品牌。被誉为"国药老字号"的北京同仁堂就是典型例子(图1-11)。

总之,无论是塑造企业良好形象还是创造企业著名品牌,都离不开职工的职业道德,都需要职工良好的职业道德支撑。

案例链接

北京同仁堂

北京同仁堂是全国中药行业著名的老字号。它创建于1669年(清康熙八年),自1723年开始供奉御药,历经八代皇帝188年。在近300年的风雨历程中,历代同仁堂人始终恪守"炮制虽繁必不敢省人工,品味虽贵必不敢减物力"的古训,树立"修合无人见,存心有天知"的自律意识,造就了制药过程中兢兢小心、精益求精的严细精神,其产品以"配方独特、选料上乘、工艺精湛、疗效显著"而享誉海内外,产品行销40多个国家和地区。

讨论:结合同仁堂金字招牌长盛不衰的事例,说说职业道德对企业的发展有何重要影响。

_____

_____

_____

本章练习

一、填空题

1. 道德是一种社会意识,是调整_____的总称,是调整个人与自我、_____、_____的准则。

2. _____是道德起源的基础,_____是道德从萌芽到生成的关键条件。

3. 人的自我意识的_____是道德产生的主观条件。

4. 职业道德主体主要表现为进入社会参加工作的_____,是学校和家庭教育的

_____。其内容有较强的稳定性和连续性。

5.职业道德的表现形式常用 _____、_____、_____、_____、_____、_____ 以及_____等多种。

6.职业道德的特征具有：_____、_____、_____、_____和_____五个方面。

二、判断题

1.道德在社会成员中起着教育和调节作用。　　　　　　　　　　　（　　）

2.道德规范是一种行业行为规范。　　　　　　　　　　　　　　　（　　）

3.道德规范是由特定的、专门的机构制定的。　　　　　　　　　　（　　）

4.职业是人们所从事的作为主要生活来源的工作。　　　　　　　　（　　）

5.一个人是否具有某种职业道德，主要看他是否能熟知职业道德的要求。（　　）

6.职业道德的内容有较强的稳定性和连续性。　　　　　　　　　　（　　）

7.封建社会是职业道德快速发展阶段。　　　　　　　　　　　　　（　　）

8.道德是影响社会生产力发展的一种重要的精神力量。　　　　　　（　　）

9.道德的社会功能是通过人的个体功能来实现的。　　　　　　　　（　　）

10.道德是先天的，人的道德是不可以教化的。　　　　　　　　　（　　）

11.道德和法律之间既相互区别，又相互作用、相互影响、相互渗透和相互补充。（　　）

12.职业是指个人按照社会分工所从事的相对稳定、合法、有报酬的工作。（　　）

13.职业道德对从业人员的职业行为有引导、规范和约束作用。　　（　　）

14.职业道德是道德的重要组成部分，是道德规范的特殊领域。　　（　　）

三、选择题

1.下面关于以德治国与依法治国的说法，正确的是(　　　　)。

　　A.依法治国就是不讲道德或少讲道德

　　B.倡导以德治国要淡化法律的强制性

　　C.德治是目的，法治是手段

　　D.以德治国与依法治国相辅相成，相互促进

2.职业产生的根本原因是(　　　　)。

　　A.社会分工　　　　　　　　　　　B.社会生产力的发展

　　C.社会生产关系的发展　　　　　　D.商品生产的发展

3.职业道德形成的基础是(　　　　)。

　　A.特定的阶级道德　　　　　　　　B.特定的职业实践

　　C.一般的社会公德　　　　　　　　D.普遍的道德准则

4.职业道德的内容有较强的稳定性和(　　　　)。

　　A.强制性　　　　　　　　　　　　B.连续性

　　C.生动性　　　　　　　　　　　　D.排他性

5.道德是(　　　　)。

　　A.一种特殊的行为规范　　　　　　B.每天每时都要遇到的问题

　　C.维护社会秩序的　　　　　　　　D.具有强制约束的

6.（　　）的发展和进步已成为衡量社会文明程度的重要标志。

　　A.道德　　　　　　B.历史　　　　　　C.精神　　　　　　D.科学

7.（　　）的发挥和实现所产生的社会影响及实际效果,就是道德的社会作用。

　　A.实践功能　　　　B.驾驶技术　　　　C.先进技术　　　　D.道德功能

8.道德的产生与(　　)的形成同步,是维系一个社会最基本的规范体系。

　　A.人类社会　　　B.社会主义　　　C.封建主义　　　D.精神文明

9.法律由(　　)制定,并通过一套具有威慑力量的国家机器(如军队、警察、法庭等)强制执行。

　　A.中央机关　　　B.国家制定　　　C.国家部门　　　D.国务院

10.（　　）是个人事业成功的重要条件。

　　A.道德　　　　　B.职业道德　　　　C.理想　　　　　D.发展

四、简述题

1.道德的本质是什么?

2.结合身边事例,说说道德的作用。

3.道德与法律的区别主要表现在哪些方面?

4.举例说明道德是怎样调节个人与自我、个人与他人、个人与社会、个人与自然界的关系。

第二章 社会主义职业道德及其规范

第一节 社会主义职业道德

学习目标

1. 理解社会主义职业道德的特征。
2. 正确认识社会主义职业道德的作用。
3. 提高学生职业道德认知。
建议学时:4 学时。

一、社会主义职业道德概述

(一)社会主义职业道德的含义

社会主义职业道德是社会主义社会各行各业的劳动者在职业活动中,必须共同遵守的基本行为准则。它是判断人们职业行为优劣的具体标准,也是社会主义道德在职业生活中的反映;是正确处理国家、集体、个人关系的最根本的准则,也是衡量个人职业行为和职业品质的基本准则,是社会主义职业活动获得成功的保证。

> 名言警句
>   实际上,每一个阶级,甚至每一个行业,都有各自的道德。
>
>   ——恩格斯

(二)社会主义职业道德的特征

1. 历史性与时代性相统一

社会主义职业道德的产生发展是历史与时代联系的结果。这既是时代发展的要求,又是对历史上优良传统道德的继承。具体说,是在继承传统优秀道德的基础上,将人类社会公共生活道德规范纳入到自身的内涵中。基于社会关系的时代特点,根据时代发展的要求和社会主义制度的特殊性,对传统职业道德进行整合,赋予它新的时代内涵。比如中国人传统的"忠义""忠君"道德要求,就被赋予忠于祖国、忠于人民、忠于党的时代新含义。职业道德的历史性和时代性如图 2-1 所示。

2. 广泛性和层次性相统一

社会主义职业道德是建立在社会主义公有制基础上的,代表生产力的发展方向,能充分

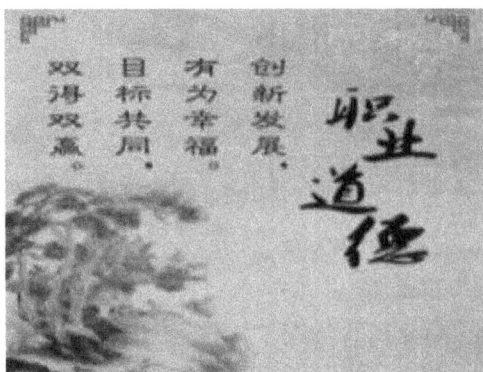

图 2-1　职业道德的历史性和时代性

反映广大人民群众的实际利益和需求。社会主义职业道德已广泛存在,并深入到社会职业活动的各个领域,发挥着基础道德的调节功能,并为社会职业各主体所认同和接收,所以它具有广泛性。

我国是以公有制为主体,多种所有制经济共同发展的社会主义基本经济制度。在职业领域生产的发展水平上呈现差异化的特点。我国的政治、经济、文化和公民受到的教育程度、道德状况存在现实的差异,决定了人们在职业认识、思想意识、道德观念等方面存在差异。社会主义职业道德为适应这种现实,形成了具有不同思想道德境界、不同行业和职业特点的多层次的职业道德体系(图 2-2)。如党的十八大以来,党中央对全国广大党员干部工作作风从严要求,树立风清正气的工作氛围,在职业道德体系中为广大人民群众所示范。

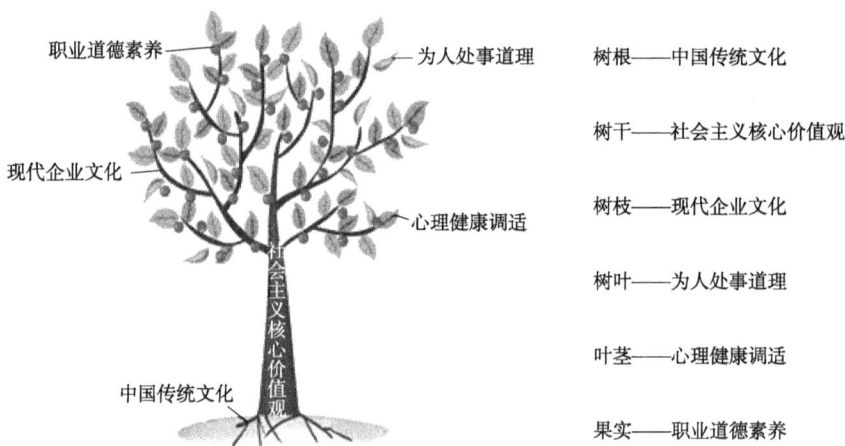

职业道德素养 —— 为人处事道理　　树根——中国传统文化

现代企业文化 —— 心理健康调适　　树干——社会主义核心价值观

社会主义核心价值观　　树枝——现代企业文化

中国传统文化　　树叶——为人处事道理

叶茎——心理健康调适

果实——职业道德素养

图 2-2　多层次职业道德体系

3. 稳定性和持续性相统一

社会主义职业道德的特点,在于每种职业都有其道德的特殊内容。一般来说,职业道德所反映的是本职业的特殊利益和要求,而这是在长期、反复的特定职业社会实践中形成的。这种由不同职业,不同生活方式长期积累,逐渐形成的相对稳定的职业心理、道德观念和道德规范,则形成职业道德相对的连续性和稳定性。比如在社会主义制度下,医生的宗旨是救死扶伤,军人是服从命令,商人则要诚信无欺,教师要为人师表,领导应以身作则等,这些要求是在长期、反复的特定职业社会实践中形成的,已是约定俗成的社会共识,已流传上千年。进入某个行业,从事某个职业,首先要学习掌握这一职业的道德,要遵守行规。只有认真、模范地践行这一职业道德的人,才能成为这一职业中的优秀人才。

4. 专业性和有限性相统一

道德是调节人与人之间关系的价值体系。鉴于职业的特点,职业道德调节的范围主要限于本职业的成员,而对于从事其他职业的人就不一定适用。这就是说,社会主义职业道德的调节作用,一是从事同一职业人员的内部关系;二是本行业从业人员同其服务对象之间的关系。比如,消防员遇到火情往里冲,警察遇到犯罪行为勇往直前,因为消防官兵、警务人员受过严格的专业训练,但这样的职业道德并不适合所有其他行业的职业人。所以他们的职业道德有很强的专业性,也带有一定的有限性。

5. 先进性和客观性相统一

社会主义职业道德的先进性主要表现在两个方面:内容的先进性和属性的先进性。它是先进社会经济关系的反映,这一基本特性决定了社会主义的职业关系是建立在平等的基础上的,既有适应社会主义现代化建设需要的锐意进取、竞争与协作共存,又有涵盖遵纪守法、勤俭节约、艰苦奋斗、团结互助、爱岗敬业、诚实守信、办事公道等内容。这使得社会主义的职业道德不仅在内容上极为丰富,而且在属性上具有先进性。正是这种内容功能的先进性和评价标准的客观性相统一,使社会主义职业道德具有顽强的生命力,是职业道德发展的方向与归宿。

(三)社会主义职业道德的作用

在社会主义制度下,职业道德发挥着以下几个方面的作用。

1. 有助于树立新型人际关系,促使人与人的关系和谐融洽

以往的社会是以私有制为基础的社会。在这种制度下的职业道德所调节的是私人利益主体的个人之间的关系,也包括私人业主、私人企业。在社会主义社会,公有制的建立,职业道德主要是调节新型的人际关系,即根本利益相一致的社会主义建设者之间的关系,作为人民一份子的个人与个人之间的关系,或者是国家、企业与人民之间的关系。在社会主义公有制下,人与人之间具有共同的经济利益,社会有共同的理想,人们有共同的奋斗目标。在这种情况下,人与人之间的关系发生重大变化,大家都是国家的主人。劳动既是为自己,也是为社会,为他人。社会主义职业道德的作用主要是调节新的人际关系。随着社会主义职业道德水平的提高,整个社会关系朝着相互关心、相互帮助、同心协力、万众一心、和谐融洽的局面发展。

2. 有利于调节党、政府与人民群众的关系

在社会主义制度下,职业道德直接影响党、政府与人民群众关系的因素增多了。一方面,国家公务员、共产党的各级领导是代表国家与执政党执行公务,他们的职责是为人民服务,他们的职业道德的好坏直接关系到党、政府与人民群众的关系;另一方面,由于多数企业都是国有企业,绝大多数事业单位都是国家设立的,是在党和政府领导下进行各项工作,因而在这些企业、事业单位工作的人的职业道德行为,都不是纯粹的私人行为,他们职业道德行为的好与坏,都直接影响到党和政府的形象。在社会主义社会,国家公务人员及国有企业事业单位的工作者,其职业道德与党和政府的形象直接相关,职业道德在调节党、政府与人民群众的关系过程中,起着重要的作用。

3. 有利于促进各行各业的发展,推动社会主义物质文明建设

在以往的社会,职业道德维护的是私人利益,职业道德与整个社会的利益,与整个社会发展没有直接的关系,职业道德的社会作用受到私有制的限制。在社会主义社会,生产资料公有制占据主导地位,职业道德所维护的利益中,虽然有一部分是私人业主的利益,但绝大部分是与社会的整体利益直接相关的。社会主义职业道德极大地发挥了人的因素,为推动社会主义物质文明建设奠定了很好的社会稳定基础。在社会主义社会,良好的职业道德是促进各行各业发展,推动社会主义物质文明的强大动力。如果职业道德不好,也会对社会主义建设造成巨大的损失。在社会主义社会,职业道德所起的作用要比以往的社会中所起的作用大。如果教育引导得好,职业道德的水平高,对整个社会将产生巨大的促进作用;反之,如果教育引导不好,则职业道德水平低,将会极大地阻碍社会主义建设事业的发展。

4. 有利于推动新的道德观念的传播,提高全社会的道德素质

以为人民服务为核心的社会主义职业道德是一种全新的道德观念。这种道德观念的根源在公有制占主导地位的经济基础,它是适应这一经济基础的要求而出现的。但为人民服务作为一种新的道德观念不是自发地出现于人们的头脑之中。要使这种新的道德观念在人们头脑中牢固树立起来并发扬光大,就必须进行长期的引导、教育和训练。所以党和政府对职业道德的教育给予了极大的关注和引导。从一定意义上讲,这是一场道德革命。因为旧社会遗留下来的自私自利、利己主义的习惯还经常在起作用,如果我们不是十分自觉认真地、有计划地用新的道德观念去克服旧的道德观念,新的职业道德就树立不起来。如果新的职业道德在绝大多数人的头脑中生根、发芽、开花、结果,社会主义职业道德素质就会有所提高。公民道德建设实施纲要内容如图2-3所示。

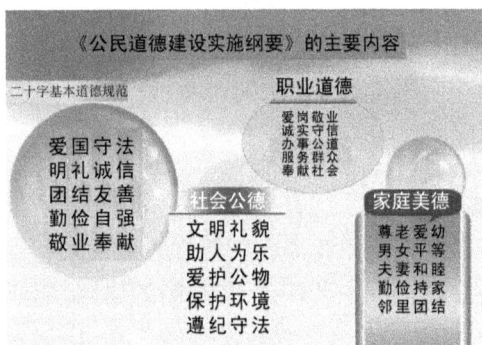

图2-3 公民道德建设实施纲要内容

二、社会主义市场经济对职业道德的影响

我国实行改革开放和建立社会主义市场经济体制以来,在经济建设、政治建设、文化建设、社会建设和生态文明建设等方面都发生巨大变化,人们的职业道德观念也随之变化。社会主义市场经济既是法制经济,也是道德经济。社会主义市场经济与道德建设相互促进、共同生长。职业道德建设要与社会主义经济制度、政治制度相适应,为社会主义市场经济的正常运转和健康发展提供动力支持。

(一)对职业道德的积极影响

社会主义市场经济体制的建立,不仅推动了经济和社会的迅速发展,为社会主义职业道德建设打下了深厚的物质基础,同时,也增强了人们的自主意识、竞争意识、效率意识、民主意识和开拓意识,转变人们的职业道德观念。

1. 增强人们的自主意识

市场经济是一种自主经济,它激励人们最大限度地发挥自主性,从而增强了人们的自主性道德观念。在计划经济条件下,企业是政府的附属物,企业和政府是一种依附关系,社会的资源配置、社会供求矛盾的解决,都由国家计划安排,或由政府统管起来,企业无权自主经营。企业和个人在内无激励动力、外无风险压力的情况下,久而久之,就养成了一种消极、被动、依赖和不思进取的精神状态，缺乏高度责任感和风险意识。市场经济体制确立后，企业和个人都被推向了市场，成了市场行为的主体，即自主经营、自负盈亏、自我约束、自我发展的商品生产者和经营者。

2. 增强人们的竞争意识

在计划经济条件下，企业的生产、个人的工作都是由国家统一按计划分配，没有什么竞争。但在市场经济条件下，竞争贯穿于商品的生产、流通、交换和消费各个环节，成为了市场经济的本质特征之一。社会主义市场经济的竞争与资本主义市场经济那种不择手段、损人利己的竞争是不同的，它以诚信为本，公平、公开、合理地去开展竞争，通过不断改进生产技术，提高劳动生产率、降低产品成本、开发新产品和优质的服务质量，去提高自己的竞争力，同时坚决反对坑蒙拐骗、欺行霸市、假冒伪劣、邪门歪道等竞争。社会主义提供"在竞争基础上合作、在合作基础上鼓励竞争"的道德观念。

3. 增强人们的义利并重意识

市场经济本质上是一种经济利益导向的经济，要求人们义利并重，这就增强了人们义利并重的道德观念。在计划经济条件下，人们长期受"重义轻利""君子喻于义、小人喻于利"（君子懂得的是义，小人懂得的是利）等道德观念的影响，耻于言利，害怕言商。随着市场经济的建立与发展，人们内心深处这种义利两分的传统道德观念发生了很大的变化。在市场经济条件下的市场主体，不论是企业还是个人，其行为的出发点和根本目的都是通过等价交换的买卖而获得利益。所以衡量市场价值的标准就是看其是否赢得利润，赢利越多，价值越大，在社会中的地位就越高。反之，不赢利、光亏损，不论是企业还是个体经营者，都会丧失生存和发展的空间。

当然，我们强调的"利"是国家利益、集体利益同个人利益的统一。也就是说，我们坚持的是集体主义的道德原则。在这里，一方面强调要把国家利益、集体利益放在首位，另一方面又强调个人合法利益或个人正当利益应得到充分尊重。只要是靠辛勤劳动、一技之长和正当途径合法取得的个人利益，道德上就必须充分给予肯定，法律上就必须充分予以保护。

当然，社会主义市场经济在充分肯定人们追求个人正当利益的同时，坚决反对唯利是图、损人利己，反对利己主义、拜金主义和享乐主义。

4. 增强人们的学习创新意识

社会主义市场经济是极为重视科技的经济。它要求人们不断更新知识、学习科学技术，就是要增强人们学习创新的道德观念。在自然经济和计划经济条件下，没有市场竞争，产品多少年不更新，人们墨守成规，学习科学技术的积极性没有得到应有的发挥。在社会主义市场经济条件下，市场就是战场，商品生产者和经营者要想在竞争中求生存、求发展，立于不败之地，必须采取互联网思维，坚持创新驱动，积极推进"大从创业、万众创新"（图2-4），紧跟时代步伐，努力学习现代科学文化知识，学习先进技术和经营管理经验，用科技创新推动企业发展，提高产品质量，努力提高自己的职业素质。

图2-4 大众创业 万众创新

总之,市场经济对人们的道德观念包括职业道德的影响是很大的,反过来,人们新的道德观念,特别是良好的职业道德观念又是促进我国进一步改革开放,繁荣社会主义市场经济的强大精神动力。

(二)对职业道德的消极影响

市场经济是利益驱动经济,对物质利益的过度追求,或把市场经济原则扩大到社会生活的一切领域,都会导致道德领域评价标准的迷失。

由于在我国建立社会主义市场经济体制的时间还不长,市场规则还不健全,市场秩序还不够完善,加之市场经济自身固有的自发性、盲目性和决策分散性等缺陷,对人们的职业道德观念产生了一些消极影响。

1. 市场经济的利益机制,容易诱发利己主义

市场经济由于强化了生产经营者的自主权和个人私利,他们生产经营什么,生产经营多少,完全由经营者自己决定,虽然他们也要考虑社会的需求和利益,但他们行为的出发点还是自己的利益,在利益的诱导下,一些人极易滋生极端利己主义思想,出现了"一切向钱看"的现象。为了多赚钱"见利忘义",只顾眼前,急功近利,抱着"捞一把是一把"的短期投机心态,不顾及企业的长远利益,甚至不惜牺牲环境效益和社会效益。在国家、集体、个人三者利益关系上,过于强调个人利益,甚至不择手段地追逐个人利益的满足。

图2-5 企业的社会责任缺失

2. 市场经济的价值关系,容易诱发拜金主义

市场经济条件下,金钱的地位越来越高。有钱,可以买到一切商品;有钱,还可以使本来没有价值的、不是商品的东西当作"商品"买卖。在这种情况下,一些财迷心窍的人,把权利、良心、荣誉、爱情、亲情、友谊、肉体等也作为"商品"标价出售,换取金钱。有些人甚至敢于冒天下之大不韪,权钱交易、贪污贿赂、走私贩毒、偷税漏税、图财害命、制假贩假等,导致社会责任的缺失(图2-5)。

3. 市场经济的功利性原则,容易诱使人们淡漠精神价值,追求享乐主义

一些人动摇了社会主义和共产主义理想信念,在他们看来,眼前最重要的就是灯红酒绿,及时行乐。他们认为"黄金钞票是实的。""不想远的,丢掉空的,大捞实的。"于是,一些人,开始迷恋于纸醉金迷、醉生梦死、纵情声色的侈靡生活。

综上所述,在社会主义市场经济条件下,在加强依法治国的同时,加强以德治国很有必要。加强道德和职业道德建设,是形势所迫,大势所趋。

三、加强社会主义职业道德建设

(一)着眼于"四个全面"战略布局

习近平总书记提出的全面建成小康社会、全面深化改革、全面依法治国、全面从严治党这

"四个全面"的重要论述(图2-6),体现了我们党在新的历史条件下对社会主义建设规律的新认识,展现了以习近平同志为核心的党中央对加快发展中国特色社会主义整体布局和建设重点的新思路。

1."四个全面"的地位、关系和作用

全面建成小康社会是奋斗目标,全面深化改革是动力,全面依法治国是保障,全面从严治党是保证。全面深化改革和全面依法治国如车之两轮、鸟之双翼,共同推动全面建成小康社会奋

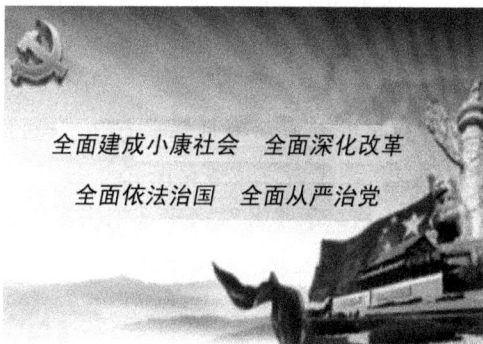

图2-6 "四个全面"

斗目标的顺利实现。全面从严治党,确保党始终成为中国特色社会主义事业的领导核心。

(1)全面建成小康社会是重要目标。全面建成小康社会,加快中国特色社会主义建设,总布局是经济建设、政治建设、文化建设、社会建设、生态文明建设。这是十八大报告对全面协调推进"五位一体"建设作出的重大部署。"五位一体"总布局是一个有机整体,其中经济建设是根本,政治建设是保证,文化建设是灵魂,社会建设是条件,生态文明建设是基础。只有坚持"五位一体"建设全面推进、协调发展,才能形成经济富裕、政治民主、文化繁荣、社会公平、生态良好的发展格局,持续推进创新、协调、绿色、开放、共享五大发展理念(图2-7),把我国建设成为富强民主文明和谐的社会主义现代化国家。

全面建成小康社会是全面深化改革、全面依法治国和全面从严治党的重要目标。全面深化改革和全面依法治国是全面建成小康社会的重要内容;无论是全面深化改革、全面依法治国,还是全面从严治党,其目的都是为了实现全面建成小康社会和富强民主文明和谐的社会主义现代化国家这一战略目标。

(2)全面深化改革是强大动力。改革开放是党和人民事业大踏步赶上时代的重要法宝,也是发展中国特色社会主义,实现中华民族伟大复兴的必由之路。改革开放为社会主义现代化建设提供了强大动力和有力保障(图2-8)。

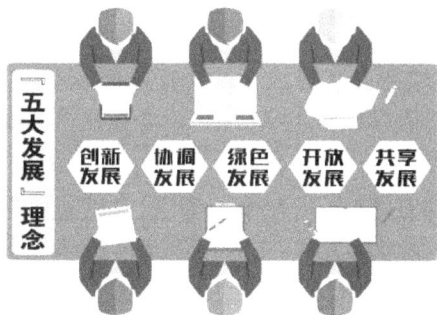

图2-7 五大发展理念

图2-8 坚持改革开放

在新的历史条件下,只有全面深化改革,才能进一步解放和发展社会生产力,增强社会活力,努力开拓中国特色社会主义事业更加广阔的前景;只有全面深化改革,才能坚决破除束缚全面推进依法治国的体制机制障碍,彻底解决法治领域的突出问题;只有全面深化改革,才能

进一步加强和改善党的领导,在发展中国特色社会主义伟大实践中全面推进从严治党。

改革开放是决定当代中国命运的关键抉择,也是全面建成小康社会、全面推进依法治国和从严治党的强大动力。

(3)全面依法治国是基本方略。通过用法治手段来巩固改革成果,引导改革创新,推动改革深化,是全面深化改革的必然要求。十八大提出全面建成小康社会的新目标和新要求,无论哪一条都离不开社会主义法治来提供保障。全面依法治国如图2-9所示。

图2-9　全面依法治国

依法治国是解决党和国家事业发展面临的一系列重大问题,确保全面深化改革和从严治党顺利进行,不断解放和增强社会活力,促进社会公平正义、维护社会和谐稳定、确保党和国家长治久安的根本要求。

全面依法治国,核心是坚持党的领导、人民当家作主、依法治国有机统一,关键在于坚持党领导立法、保证执法、支持司法、带头守法。

(4)全面从严治党是重要保障。实现全面建成小康社会奋斗目标,需要全面推进从严治党,因为党是中国特色社会主义事业的坚强领导核心,没有党的坚强领导,就根本不可能实现全面建成小康社会目标;全面深化改革需要全面推进从严治党,因为改革开放事业是在党的领导下进行的,只有全面加强党的领导并不断加强党的自身建设,才能确保改革开放事业的正确方向;全面推进依法治国同样需要全面推进从严治党,因为"社会主义法治必须坚持党的领导,党的领导必须依靠社会主义法治"。全面从严治党如图2-10所示。

图2-10　全面从严治党

总之,"四个全面"表面看来是四项不同的战略任务,但从根本上来说,它们有机统一于建设富强民主文明和谐的社会主义现代化国家的全过程,统一于实现中华民族伟大复兴中国梦的全过程。

2.认真落实"四个全面"战略布局,积极进行社会主义职业道德建设

(1)全面建成小康社会,切实加强道德建设。加强社会主义道德建设,大力提倡诚信意识,能够保证市场经济的健康发展,市场经济本质上是诚信经济。通过社会主义道德建设,提升每个人的道德水平,社会主义民主制度的践行才能更加到位,才能在实践的基础上加以完善。

（2）以社会主义道德的价值为引领，全面推进深化改革。改革开放是党和人民事业大踏步赶上时代的重要法宝，也是发展中国特色社会主义、实现中华民族伟大复兴的必由之路，是全面实现小康社会的强大动力。改革的深化是为了进一步解放和发展生产力，是一项没有任何经验可以借鉴的艰难事业。因此，全面深化改革需要社会主义道德建设的支撑。

（3）全面依法治国，需要道德和法律共同发挥作用。全面推进依法治国，是党中央治国理政的基本方略。道德和法律是协调人与人、人与社会以及人与自然的关系的两个主要方式和途径，两者是密切联系和相辅相成的。

通过加强社会主义道德建设，有效提升人们遵纪守法的意识，提升学法、知法、守法、用法的社会风气，就能够为全面依法治国的实施创造良好的前提条件和基础。

（4）全面从严治党，需要加强党员干部的思想道德建设。实现全面建成小康社会奋斗目标，需要全面推进从严治党。党是中国特色社会主义事业的坚强领导核心，没有党的坚强领导，就根本不可能实现全面建成小康社会目标。加强党员干部的思想道德建设，使党员干部从不能腐、不敢腐到不想腐，仅靠党纪国法还不够，还需要通过加强社会主义道德建设，营造风清气正的社会氛围，提升每一名党员和党员领导干部的思想道德素质，这是解决腐败问题的根本之策。

从"四个全面"战略布局的内容来看，全面建成小康社会、全面深化改革、全面依法治国、全面从严治党的顺利实施，离不开社会主义道德建设的支撑。因此，要充分重视思想政治教育，认真抓好社会主义道德建设。"四个全面"战略布局只有密切结合社会主义道德建设，才能顺利实施，并对中国未来发展产生深远影响。

（二）积极培育和践行社会主义核心价值观

党的十八大提出，积极培育和践行社会主义核心价值观，倡导"富强、民主、文明、和谐"，倡导"自由、平等、公正、法治"，倡导"爱国、敬业、诚信、友善"。2013年12月，中共中央办公厅印发《关于培育和践行社会主义核心价值观的意见》，明确提出，培育和践行社会主义核心价值观，是推进中国特色社会主义伟大事业、实现中华民族伟大复兴中国梦的战略任务。社会主义核心价值观如图2-11所示。

1."富强、民主、文明、和谐"是国家建设目标

"富强、民主、文明、和谐"是我国社会主义现代化国家的建设目标，也是从价值目标层面对

图2-11 社会主义核心价值观

社会主义核心价值观基本理念的凝练，在社会主义核心价值观中居于最高层次，对其他层次的价值理念具有统领作用。

（1）富强即国富民强，是社会主义现代化国家经济建设的应然状态，是中华民族梦寐以求的美好夙愿，也是国家繁荣昌盛、人民幸福安康的物质基础。

（2）民主是人类社会的美好诉求。我们追求的民主是人民民主，其实质和核心是人民当

家作主。它是社会主义的生命,也是创造人民美好幸福生活的政治保障。

(3)文明是社会进步的重要标志,也是社会主义现代化国家的重要特征。它是社会主义现代化国家文化建设的应有状态,是对面向现代化、面向世界、面向未来的,民族的科学的大众的社会主义文化的概括,是实现中华民族伟大复兴的重要支撑。

(4)和谐是中国传统文化的基本理念,集中体现了学有所教、劳有所得、病有所医、老有所养、住有所居的生动局面。它是社会主义现代化国家在社会建设领域的价值诉求,是经济社会和谐稳定、持续健康发展的重要保证。

图2-12　自由、平等、公正、法治

2. "自由、平等、公正、法治"是社会层面的价值取向

"自由、平等、公正、法治"是对美好社会的生动表述,也是社会层面的价值取向。它反映了中国特色社会主义的基本属性,是我们党矢志不渝、长期实践的核心价值理念(图2-12)。

(1)自由是指人的意志自由、存在和发展的自由,是人类社会的美好向往,也是马克思主义追求的社会价值目标。

(2)平等指的是公民在法律面前一律平等,其价值取向是不断实现实质上的平等。它要求尊重和保障人权,人人依法享有平等参与、平等发展的权利。

(3)公正即社会公平和正义,它以人的解放、人的自由平等权利的获得为前提,是国家、社会应然的根本价值理念。

(4)法治是治国理政的基本方式,依法治国是社会主义民主政治的基本要求。它通过法制建设来维护和保障公民的根本利益,是实现自由、平等、公平、正义的制度保证。

3. "爱国、敬业、诚信、友善"是公民个人层面的价值准则

"爱国、敬业、诚信、友善"覆盖社会道德生活的各个领域,是公民必须恪守的基本道德准则,也是评价公民道德行为选择的基本价值标准。

(1)爱国是基于个人对自己祖国依赖关系的深厚情感,也是调节个人与祖国关系的行为准则。它同社会主义紧密结合在一起,要求人们以振兴中华为己任,促进民族团结、维护祖国统一、自觉报效祖国。

(2)敬业是对公民职业行为准则的价值评价,要求公民忠于职守,克己奉公,服务人民,奉献社会,充分体现了社会主义职业精神。

(3)诚信即诚实守信,是人类社会千百年传承下来的道德传统,也是社会主义道德建设的重点内容,它强调诚实劳动、信守承诺、诚恳待人。

(4)友善强调的是公民之间应互相尊重、互相关心、互相帮助,和睦友好,努力形成社会主义的新型人际关系。

(三) 社会主义职业道德建设的核心与原则

《中共中央关于加强社会主义精神文明建设若干问题的决议》规定了各行各业都应共同

遵守的职业道德五项基本规范,即"爱岗敬业、诚实守信、办事公道、服务群众、奉献社会"。其中,为人民服务是核心,集体主义是原则。

1. 以为人民服务为核心

社会主义的一切经济活动、职业活动的宗旨是为了满足人民群众的需要,这是社会主义职业道德的根本性质所决定的。所以,为人民服务是社会主义职业道德的核心规范,它是贯穿于全社会共同的职业道德之中的基本精神。为人民服务是中国共产党的宗旨,也是社会主义道德、职业道德的核心。它贯穿于职业道德规范的各个方面,具有深刻的社会影响力和现实意义。

2. 以集体主义为原则

集体主义是社会主义道德的基本原则,因为集体主义贯穿于社会主义职业道德规范的始终,是正确处理国家、集体、个人关系最根本的准则,也是衡量个人职业行为和职业品质的基本准则,是社会主义职业活动获得成功的保证。它提倡个人利益和社会利益相结合,兼顾国家、集体和个人的利益,在坚持个人利益服从集体利益、眼前利益服从长远利益、局部利益服从全局利益的前提下,重视个人利益。

集体主义作为一种道德原则,一方面,要求国家和集体不断调整各种政策和措施,关心劳动者的个人利益,尽量使他们的个人利益得到发展;另一方面,也引导人们自觉地以个人利益服从集体利益,必要时甚至牺牲个人利益,保护集体和国家利益。社会主义职业道德要协调个人、集体与社会三者的关系,离开了集体主义,这三者之间的矛盾是无法协调的。

(四)积极投身职业道德建设的实践

通过系统对从业人员进行职业道德的教育培训,利用"身边人讲身边事、身边人讲自己事、身边事教身边人"等灵活多样的形式,广泛传播中华民族传统美德、凡人善举。使社会主义职业道德规范引向深入,在职业活动中落到实处。

通过开展大客车驾驶人职业道德教育,强化驾驶人道德意识、守法意识、服务意识、安全意识"四个意识"和爱岗敬业精神、见义勇为精神、救死扶伤精神"三种精神"。通过弘扬职业道德模范的崇高精神,引导自我省身修德,自我提升,从而形成"积小德为大德、积小善为大善",实现包括大客车驾驶人在内的职业从业者的素质大提升,为社会文明奠定强大的思想道德基础。

第二节 社会主义职业道德规范

学习目标

1. 熟悉职业道德规范的基本内涵。

2. 能按照职业道德规范要求自己,养成良好的行为习惯。

3. 对职业道德规范有敬畏感,能感受良好职业道德行为给自己和他人带来的满足感。

建议学时:2 学时。

一、爱岗敬业

(一)爱岗敬业的含义

爱岗敬业是爱岗与敬业的总称。爱岗,就是热爱自己的工作岗位和本职工作。敬业,就是以极端负责的态度对待自己的工作。敬业的核心要求是严肃认真,一心一意,精益求精,尽职尽责。爱岗是敬业的基石,敬业是爱岗的升华,二者互为前提,相互支持,相辅相成。爱岗敬业就是要干一行爱一行,爱一行钻一行。爱岗敬业是社会主义职业道德最基本、最起码、最普通的要求,是核心和基础,也是社会主义主人翁精神的表现,它看似平凡,实则伟大。

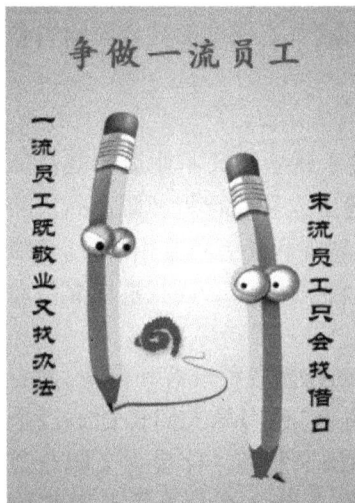

图2-13　争做一流员工

爱岗敬业作为最基本的职业道德规范,是对人们工作态度的一种普遍要求。爱岗敬业所体现的是从业者对工作勤奋努力、恪尽职守的行为表现。每一位从业人员都要正确认识本职工作的社会意义和道德价值,要有职业的荣誉感和自豪感,在职业活动中具有高度的劳动热情和创造性,以强烈的事业心、责任感去从事工作。以争做一流员工,以主人翁的精神在平凡的岗位上,做出不平凡的贡献(图2-13)。

(二)爱岗敬业的具体要求

要做到爱岗敬业,就要做到乐业、勤业和精业。

(1)乐业,就是要喜欢自己的专业,热爱自己的本职工作。

梁启超(1873—1929年)是中国近代思想家、政治家、教育家、史学家、文学家。他专门撰写了一篇叫做《敬业与乐业》的文章。他说:"敬业,即责任心,是对学业或工作专心致志;乐业,即趣味,不仅乐意去做某件事,而且从中领略出趣味来。"

他在解释"乐业"一词时,是这样说的:"第二要乐业。'做工好苦呀!'这种叹气的声音,无论何人都会常在口边流露出来。但我要问他:'做工苦,难道不做工就不苦吗?'今日大热天气,我在这里喊破喉咙来讲,诸君扯直耳朵来听,有些人看着我们好苦;翻过来,倘若我们去赌钱去吃酒,还不是一样在淘神、费力?难道又不苦?须知苦乐全在主观的心,不在客观的事。人生从出胎的那一秒钟起到绝气的那一秒钟止,除了睡觉以外,总不能把四肢、五官都搁起不用。只要一用,不是淘神,便是费力,劳苦总是免不掉的。会打算盘的人,只有从劳苦中找出快乐来。我想天下第一等苦人,莫过于无业游民,终日闲游浪荡,不知把自己的身子和心子摆在哪里才好,他们的日子真难过。第二等苦人,便是厌恶自己本业的人,这件事分明不能不做,却满肚子里不愿意做。不愿意做逃得了吗?到底不能。结果还是皱着眉头,哭丧着脸去做。这不是专门自己替自己开玩笑吗?我老实告诉你一句话:'凡职业都是有趣味的,只要你肯继续做下去,趣味自然会发生。'为什么呢?第一,因为凡一件职业,总有许多层累、曲折,倘能身入其中,看它变化、进展的状态,最为亲切有味。第二,因为每一职业之成就,离不了奋斗;一步一步地奋斗前去,从刻苦中将快乐的分量加增。第三,职业性质,常常要和同业的人比较骈进,好像赛球一般,因竞胜而得快感。第四,专心做一职业时,把许多游思、妄想杜绝了,省却无限闲烦闷。孔子说:'知之者不如好之者,好之者不如乐之者。'人生能从自己职业中领略出趣味,生活才有价值。孔子自述生平,说道:'其为人也,发愤忘食,乐以忘忧,不知老之将至云尔。'这种生活,真算得人类理想的生活了。"

(2)勤业,就是勤奋学习专业知识和技能,钻研自己的本职工作。要做到这一点,一要勤奋,二要刻苦,三要顽强。

勤奋,就是要做到眼勤、脑勤、手勤、脚勤,这是提高学习和工作效率的关键。勤奋是最让人敬佩的品质,是任劳任怨、严于律己、善与人处的品德,是善于观察、勤于发现的创造。

刻苦,就是能经受得起工作中的艰难困苦,这是勤业所必须具备的一种精神。汽车驾驶人在驾驶过程中,需要长时间的精神高度集中,长时间地保持同一个姿势,要有一种吃苦精神才可能胜任。"业精于勤,荒于嬉",勤业是一个人精神状态的写照,它关系着工作效率,体现着职业品格和职业理想的追求,并能给人带来自尊和自信。

顽强,就是有勇气、有毅力去克服职业生活中不时遇到的各种困难。凡是在本职工作中做出贡献的人,无不具备坚强的意志,有不怕困难和挫折的精神。2017年2月8日晚,"中国人年度精神盛宴"——中央电视台"感动中国"2016年度人物在京揭晓,功勋科学家孙家栋、火海救人英雄王锋等10人光荣当选,"特别致敬"大奖颁给了勇夺里约奥运女排冠军的中国女排。在2016里约奥运赛场上,中国女排姑娘们团结一致,一路力克强敌,时隔12年重夺奥运冠军(图2-14),女排精神再次激励了亿万中国人!"感动中国"2016年度特别致敬中国女排为国著功成。"颁奖词"是这样写的:"虽然它不是颁给个人,但是十一总会让我们想起一加一大于二,还有它代表着一个团队。绝地反击,上演惊天逆转。比的是实力,拼的是意志,搏的是勇气,奋勇拼搏,决不放弃。这是女排精神,是激励中国前行的力量!"

图2-14 中国女排夺得里约奥运会冠军

(3)精业,就是使自己本职工作的技术、业务水平不断提高,精益求精。精业,需要有严格要求、一丝不苟的工作态度。原青岛港桥吊队队长许振超就是精业的典范。他以"干就干一流,争就争第一"的精神,立足本职,务实创新,干一行,爱一行,精一行。他自学成才,苦练技术,练就了"一钩准""一钩净""无声响操作"等绝活,并模范地带出了"王啸飞燕""显新穿针""刘洋神绳"等一大批具有社会影响的工作品牌。

所以,爱岗与敬业是相互联系在一起的,不爱岗就很难做到敬业,不敬业也很难说是真正的爱岗。爱岗敬业,用一句通俗的话说就是:干一行,爱一行,钻一行,精一行。大客车驾驶人担负着安全运送乘客的重任,对国民经济发展和人民的生活水平提高至关重要,要本着干一行、爱一行、钻一行的精神,将无限的热情投入到客运工作中。

二、诚实守信

诚实守信是中华民族的传统美德。人无信不立,国无信不强。诚就是真实不欺,尤其不自欺,诚是人内在的美德,重心在自我,是心灵、理性、情感、意志的内在合一;信是真心实意地遵守和履行诺言,信是诚的外在表现,主要是关注他人对自己责任、义务、契约、承诺兑现的可靠程度,重心在他人。

千百年来,人们讲求诚信,推崇诚信。诚信之风早已融入我们民族文化的血液,成为文化基因中不可或缺的一部分。今天,随着"信义哥""油条哥""良心秤"等一批诚实守信模范、好人的涌现,诚信美德在一次次给予人们心灵震撼。

案例链接

"信义哥"张健

霍山县诸佛庵镇大干涧村农民张健、张伟是一对亲兄弟。2009 年,27 岁的弟弟张伟患上"再生障碍性贫血",弟弟走后,留下了 5 个多月的儿子和治病时所借的 50 万元债务,本没有债务继承关系的张健(图 2-15),毅然担起替弟弟偿还欠债的责任。

诚实守信既是做人的准则,也是做事的准则,是对从业者的道德要求。它不仅是从业者步入职业殿堂的通行证,体现着从业者的道德操守和人格力量,也是在行业中扎根立足的基础。作为基本职业道德规范,诚实守信就是要诚实待人,诚实做事,表里如一,信守诺言;不文过饰非,不弄虚作假,不阳奉阴违,不背信弃义。

(一)诚实守信是做人的基本准则

诚实守信既是做人的基本准则,也是社会公德和职业道德的基本规范。无诚则无德,无信事难成。守信就是信守诺言,讲信誉、重信用,忠诚地履行自己承担的义务。答应了别人的事就一定要去做,对人以诚信,人不欺我;对事以诚信,事无不成(图 2-16)。诚信是一种人们在立身处世、待人接物和生活实践中,必须而且应当具有的真诚无欺、实事求是的态度和信守然诺的行为品质。在市场经济条件下,人们只有树立起诚实守信的道德品质,才能适应社会生活的要求,实现自己的人生价值。

图 2-15 "信义哥"张健

图 2-16 与诚信"签约"

名言警句
　　失足，你可能马上恢复站立，失信，你也许永难挽回。
　　　　　　　　　　　　　　　　　　　　　——富兰克林

（二）诚实守信是企业的无形资本

　　"诚实守信"是做人做事的基本准则，也是各行各业的行为准则。在市场经济大潮中，诚信对企业的发展影响越来越大，越来越成为企业的核心竞争力。对一个企业和团体来说，诚实守信是一种形象、一种品牌、一种信誉、一个使企业兴旺发达的基础。在企业内部，通过苦练内功，使企业上下努力形成三种共识，即客户至上，质量第一，严守承诺。事实证明，守信企业将会因此带来良好的经济效益，失信企业将会被市场经济所淘汰。海尔集团注重产品的研发及产品质量，良好的社会信誉度让它成为世界名牌。三鹿奶粉的破产，就是由于企业不讲诚信，不把消费者的食品安全放在第一位，最终也导致该企业的解散，企业创始人锒铛入狱。北京同仁堂药店有一副对联："炮制虽繁必不敢省人工，品味虽贵必不敢减物力"。正是靠这份承诺，同仁堂经历300年风雨不倒，从一家普通的家庭药铺发展成为国药第一品牌。所以，加强企业诚信建设，是打造一个成功企业的必由之路。

（三）诚实守信促进法治建设

　　在现代社会中，随着社会主义市场经济的不断发展，诚实守信在社会政治生活、经济生活、文化建设和道德风尚等各个方面，日益显示出它的重要地位。立党为公、执政为民的思想，寄希望于政治上的诚实守信，经济秩序的正常运行，迫切要求诚实守信；人民群众的相互交往，热切地呼唤诚实守信；社会的道德失范，急需诚实守信来予以匡正。在加强社会主义法制建设、依法治国的同时，加强诚信建设体现了法治和德治、依法治国与以德治国的相辅相成。

案例链接

立 木 为 信

　　春秋战国时期，秦国的商鞅在秦孝公的支持下主持变法。当时处于战争频繁、人心惶惶之际，为了树立威信，推进改革，商鞅下令在都城南门外立一根三丈长的木头，并当众许下诺言：谁能把这根木头搬到北门，赏金十两。围观的人不相信如此轻而易举的事能得到如此高的赏赐，结果没人肯出手一试。于是，商鞅将赏金提高到五十金。重赏之下必有勇夫，终于有人站起将木头扛到了北门。商鞅立即赏了他五十金。商鞅这一举动，在百姓心中树立起了威信，而商鞅接下来的变法就很快在秦国推广开了。新法使秦国渐渐强盛，最终统一了中国。

　　讨论：诚信对于一个国家有什么意义？

_____

_____

_____

三、办事公道

办事公道是指对人和事的一种态度,也是千百年来人们所称的职业道德。它要求人们待人处世要公平、公正。对从业者来说,办事公道就是要做到公平、公正。在办事情和处理问题时,要站在公正的立场上,对当事双方公平合理、不偏不倚,不论对谁都是按照一定的社会标准,实事求是地待人处事。办事公道也是从业者应该具有的品质。

人是有尊严的,人们都希望自己与别人一样受到同等的对待,企盼在法律面前人人平等,自古就有"王子犯法与庶民同罪"的说法。因此人们一直颂扬那些秉公办事,不徇私情的

图 2-17 包拯祠

清官明主。宋朝清官包拯,出生时因长相丑陋,被父母遗弃,他嫂子于心不忍,把他收留在家,她亲自哺乳。让他与亲生儿子包勉一起吃自己的乳汁长大,所以包拯称嫂子为"嫂娘",但是这个包勉后来成了贪官。包拯大义灭亲,判了包勉死刑。不管嫂子怎样求情,包公铁面无私。人们都称他为"包公",并为此建了包拯祠(图 2-17)。

办事公道是道德要求,在社会主义制度下,从业者之间以及从业者与服务对象之间都是平等的,各行各业无论是领导还是普通从业人员都要恪守这一职业道德。如果从业者办事不公,就会使服务于全社会的职业变成只服务于某一部分人的职业,使这些职业的社会性质发生扭曲。从这个意义上说,办事是否公道,是检验大到一个国家、一个地区、一个行业,小到一个企业、一个部门、一个岗位的职业风尚是否优良的基本标准。

办事公道是为了保证每个人在社会上的合法地位和平等权利。如果办事不公正,徇私舞弊,势必会损害社会主义平等竞争的原则,形成不正当竞争,造成新的不平等,就会对社会各方面产生消极的影响,最终会阻碍社会经济的发展。当前我们正处于社会主义市场经济,市场经济就要坚持平等互利的原则,这体现了买卖双方的平等地位,因此,在经济领域中要求处事公平、办事公道。如今,人们的法制观念、民主意识都在增强,这就要求无论是领导干部还是普通职工,都要办事公道,否则,不是威信扫地,就是吃官司。

案例链接

芬格斯酒吧

在美国的某乡村有个小酒吧叫芬格斯酒吧,老板是个犹太人,美国前国务卿基辛格是犹太人的后裔,一次,他想去这个酒吧体会一下犹太人的民风,在前一天打电话给芬格斯老板,说会带 10 个随从去光顾酒吧,到时请老板把其他的顾客都赶走。芬格斯的老板当即拒绝了他的要求,并说自己的酒吧十多年来一直是依靠这些老顾客才生存下来,让他赶走顾客他做不到,基辛格只有遗憾地放下了电话。这件事被当时正在酒吧消费的顾客传为美谈,芬格斯酒吧因此生意更兴隆了,并在当年被评为世界优秀酒吧前十五名。

讨论:芬格斯酒吧生意兴隆的原因是什么?

办事公道,就要做到以下几个方面:

(1)热爱真理,追求正义。办事是否公道关系到以什么为衡量标准的问题。办事公道就要以科学真理为标准,要有正确的是非观,公道就是要合乎公认的道理,合乎正义。不追求真理,不追求正义的人办事很难会合乎公道。而现实生活中,许多人是非观念非常淡漠,在他们眼中无所谓对与错,只有自己喜欢和不喜欢,按自己的想法办事。

(2)坚持原则,不徇私情。办事公道,不徇私情是社会主义职业道德对各行各业所有职工的要求。在处理事情时坚持标准,坚持原则,合情合理,不徇私情(图2-18)。如果一个人为了私情而不坚持原则,就做不到办事公道。办事公道还要公私分明,不能凭借自己手中的职权谋取个人私利,损害社会集体利益和他人利益。

(3)廉洁奉公,不谋私利。就是要求从业人员不凭借职权和职务之便损公肥私,多贪多占,要为政清廉、办事公道、严于律己、一心为公。廉洁奉公,要求从业人员根据自身的工作特点,在实际工作中,不侵犯公共财物、不损害公共利益、不贪图便宜、不假公济私,做到公私分明,办事公道。

(4)不计较个人得失,不惧怕各种权势。要办事公道,就必然会有压力,会碰上各种干扰,特别会碰上那些不讲原则、不奉公守法的有权有势者的干扰。从业人员要注意培养和锻炼光明磊落的良好道德风尚。把社会利益、集体利益放在首位,坚持原则,无私无畏。遇到压力和干扰时要不怕权势,坚持办事公道。

(5)要有一定的识别能力。真正做到办事公道,一方面与品德相关,另一方面也与认识能力有关。如果一个人认识能力很差,就会搞不清分辨是非的标准,分不清原则与非原则,就很难做到办事公道。所以,要做到办事公道,还必须加强学习,不断提高认识能力,明确是非标准,分辨善恶美丑,并有敏锐的洞察力(图2-19)。

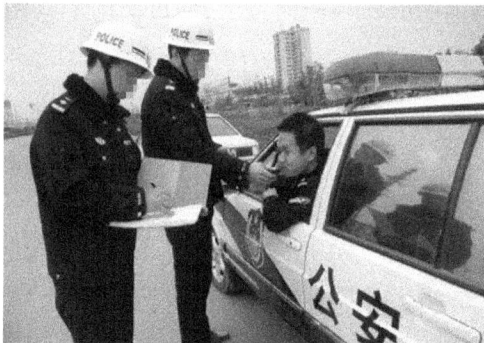

图2-18　不徇私情　　　　　　　　　　图2-19　办事公道

四、服务群众

服务群众就是指从业者在职业活动中,要全心全意为人民群众服务。为人民服务是社会主义职业道德的核心,各行各业的从业者都要以服务群众为宗旨。社会由群众组成,要很好地服务群众,就要有奉献精神,使社会和谐。

服务群众是为人民服务思想在职业活动中的具体体现,它表明社会主义职业活动的目的。服务群众不仅仅是对领导机关、领导干部的要求,也是对每个从业者的要求。职业劳动者的主要服务对象是人民群众,服务群众是职业行为的本质,是社会主义道德建设的核心在职业活动中的具体运用。

服务群众首先要热情周到,从业者对服务对象和群众要主动、热情、耐心,服务细致周到、勤勤恳恳。其次努力满足群众需要,为群众提供方便,想群众之所想,急群众之所急。为人民群众服务是社会全体从业者通过互相服务,促进社会发展,实现共同幸福。所以服务群众是一种现实的生活方式,也是职业道德要求的一个基本内容(图2-20)。

道路运输行业属于服务性行业,它连接着各行各业、千家万户、城市乡村、东西南北。从其职业活动的接触面和流动性来看,道路运输行业又是社会主义精神文明建设的"窗口"行业。汽车驾驶人的职业道德既反映了当时当地的社会道德面貌,又反映了道路运输行业的自身形象,并对社会风气产生极大的影响。对社会主义精神文明建设具有特殊的双向传输功能。汽车驾驶人能够通过职业运输活动,做到尊客爱货、文明运输、优质服务,就能使精神文明的种子撒向社会。如果粗暴待客、野蛮装运、以职谋私、敲诈勒索,就会败坏行业形象,污染社会风气。如果不遵守交通法规,违章驾驶,造成恶性交通事故,导致货损人亡,则会产生难以挽回的社会后果。所以,加强汽车驾驶人的职业道德教育,是道路运输行业发展的客观要求。每一位驾驶人特别是大客车驾驶人只有认真学习,努力提高自己的业务水平,加强职业道德修养,严格要求自己,自觉磨练、自我约束,追求人生完美的道德境界,才能真正实现自己的人生价值。

服务群众要体现群众路线。一切依靠人民群众,一切服务于人民群众,是我们党的群众路线的重要内容。服务群众是党的群众路线在社会主义职业道德中的具体表现。《公民道德建设实施纲要》指出:"服务群众作为公民道德建设的核心,是社会主义道德区别和优越于其他社会形态道德的显著标志。它不仅是对共产党员和领导干部的要求,也是对广大群众的要求。每个公民不论社会分工如何、能力大小,都能够在本职岗位上,通过不同形式做到为人民服务。"联系群众如图2-21所示。

密切与群众的血肉联系,全心全意为人民服务

图2-20 服务群众

图2-21 联系群众

案例链接

服务群众的模范——李素丽

李素丽,女,1962年出生,中共党员,公交"李素丽服务热线"负责人。曾任北京市公交总公司公汽一公司第一运营分公司21路公共汽车售票员。她自1981年参加工作后,在平凡的岗位上,把"全心全意为人民服务"作为自己的座右铭,真诚、热情地为乘客服务,被誉为"老人的拐杖,盲人的眼睛,外地人的向导,病人的护士,群众的贴心人"。她认真学习英语、哑语,并努力钻研心理学、语言学,利用业余时间走访、熟悉不同地理环境,潜心研究各种乘客心理和要求,有针对性地为不同乘客提供满意周到的服务。她曾获"全国'三八'红旗手"等荣誉称号。

李素丽是北京公交窗口行业的优秀代表,在公交平凡的工作中,始终把全心全意为人民服务作为自己的人生追求,时刻牢记自己是首都公交战线的一名普通员工,坚持岗位做奉献,真情为他人,以强烈的首都意识、服务意识和公交窗口意识,诠释着公交"一心为乘客,服务最光荣"的行业精神,赢得了广大乘客的尊重和爱戴。记者在与全国劳模李素丽交谈的时候,强烈地感受到她"干一行、爱一行、钻一行"的敬业精神和全心全意为百姓服务的崇高境界。她说:"用力去做只能达到称职,用心去做才能达到优秀。"李素丽衣着得体,言谈有素。对此,她自信地说:"我的形象代表的不是我自己,对内我代表首都,对外我代表中国。"

李素丽任北京交通服务热线中心主任后,以一名优秀党员的标准严格要求自己,率先垂范。特别是在北京奥运会及残奥会期间,以高度的责任感和使命感,在做好本职工作的同时,带领部室人员,积极上路检查,发现问题及时处理。为保证奥运会、残奥会服务工作万无一失,她建立了各种例会制度,多次召开座谈会、服务讲评会、指标分析会,签订各岗位责任书。李素丽鼓励大家利用业余时间和上下班的路上,对车厢、站台进行安全服务检查,协助服务人员做好站台秩序维护和照顾残疾乘客上、下车,得到了乘客的好评。

讨论: 从李素丽的身上,我们感受到哪些精神?

_____

_____

_____

服务群众要坚持"以人为本,服务为先",当前,要以信息化引领服务群众现代化。利用"互联网+服务"(图2-22),及时、快速、无时间地点限制地解决被服务对象的实际问题,努力服务群众,推动社会进步,促进和谐发展。

五、奉献社会

所谓奉献,就是不期望等价的回报和酬劳,积极自觉地为他人、为社会、为真理、为正义做贡献,是社会主义职业道德的本质特征。奉献社会是指从业者把自己的全部智慧和力量投入到为社会、为集体、为他人的服务中去,奉献社会自始至终体现在爱岗敬业、诚实守信、办事公道和服务群众的各种要求中。

微信|公众平台

二维码订阅　　消息推送　　品牌传播

图2-22　互联网+服务

这既是集体主义职业道德原则的最高体现,也是各行各业都必须遵守的职业道德基本规范。

奉献社会是社会主义道德规范的核心内容,是中华民族的优秀道德传统和纯洁高尚的精神境界。奉献社会,是从服务的理想境界角度提出的,体现了社会主义职业道德的最高目标指向,不仅有明确的信念,而且有崇高的行动。奉献社会的精神,主要强调的是一种忘我的全身心投入精神。当一个人专注于某种事业时,就会关注这一事业对于人类,对于社会的意义,就会为此兢兢业业,任劳任怨,不计较个人得失。有奉献社会的精神,就会有高度的责任心和事业心,就会忠于职守、尽职尽责,争创一流;反之,就会斤斤计较、消极怠工,甚至违反职业纪律和道德规范。

奉献社会是一种无私的忘我精神。雷锋说:"人的生命是有限的,可是,为人民服务是无限的,我要把有限的生命,投入到无限为人民服务之中去。"

讲奉献并不是忽视个人利益,只是要正确处理好国家、集体和个人三者之间的利益关系,始终把国家利益和集体利益放在个人利益的前面。爱岗敬业、诚实守信、办事公道、服务群众都体现了奉献社会的精神。

案例链接

最后的赤脚医生

李春燕,27岁,是贵州从江县大塘村乡村医生。三年前,李春燕卫校毕业后,嫁给了大塘村一个苗族青年,成为一名乡村卫生员,并在自己家里开设了一间卫生室。大塘村是一个苗族村寨,只有她一个乡村卫生员,有2500多名苗族村民,生活极其贫穷。人们向来缺医少药,过去,村里没有医生,得病了,除了苦熬,就是请鬼师驱鬼辟邪,或是用"土办法"自己治疗,死了,谁也不知道是啥原因。现在,大家已经逐渐习惯了生病去李春燕那儿打针吃药,有了初步的医疗保障。李春燕,严格地讲不能称作医生,只能叫做"卫生员",因为她没有编制,不享受国家的工资和其他待遇。由于工作环境差、入不敷出,我国的大部分乡村卫生员已改行或外出打工去了。李春燕也遇到过相同的问题,乡亲们来看病,没有钱付药费,只能记账赊欠。2004年初,一直赔本经营卫生室的李春燕决定关掉卫生室,和丈夫一道去广东打工。当他们正准备出门的时候,闻讯而来的乡亲们正好赶到。村民们掏出皱巴巴的一元、两元钱递给李春燕:"李医生你走了,我们可怎么办?这是我们还你的账,不够的我们明天把家里的米卖了,给补上。"李春燕于是没有离开。这是李春燕留在这艰苦的地方做乡村医生以来唯一想放弃的一次。正如解说词所说:——她是一名医生,虽然她从来没有机会穿上白大褂,甚至被人在医生的前面还要加上赤脚这两个字;她是一名医生,但是不像很多医生那样,不愁自己的衣食,她一个月也许能收入600多块钱,但是买药以及买相关的一些东西却要花出900多块钱,亏空300多,欠债也就越来越多;她是一名医生,自然被患者所需要,但是跟其他的医生比她的患者似乎对她更加需要,这该是一名怎样的医生?

落实奉献社会的基本道德规范,需要正确处理两个关系。一是个人利益和公众利益的关系,二是经济效益和社会效益的关系。

1. 正确处理个人利益和公众利益的关系

与爱岗敬业、诚实守信、办事公道和服务群众这四项规范相比较,奉献社会是职业道德中的最高境界,同时也是做人的最高境界。爱岗敬业、诚实守信是对从业者职业行为的基本要求。办事公道、服务群众比前两项要求高了一些,需要以一定的道德修养为基础。而一个人在职业活动中,不是先为个人利益打算,而是将自己的知识、才能、智慧毫无保留地奉献给社会和公众利益,这就需要更高的职业道德境界。

爱因斯坦说过:"一个人对社会的价值,首先取决于他的感情、思想和行动对增进人类利益有多大作用。"雨果也说:"奉献是能使人产生优越感的。"在市场经济条件下,我们思考和处理个人利益和公众利益的关系时,首先应以不损害公众利益为前提,进而旗帜鲜明地坚决抵制种种损害公众利益的行为。当个人利益与公众利益发生冲突时,要自觉地维护公众利益,即使个人利益受到暂时的影响,也要在所不惜,这样就具有无私忘我、奉献社会的精神。

2. 正确处理经济效益和社会效益的关系

奉献社会,要求从业者在取得合法职业收入的同时,还要求自己的工作能够产生良好的社会效果,即社会效益。人们常说商店、宾馆、公共交通等服务业是城市的窗口,代表着城市的形象。"窗口""形象"指的就是这些行业从业者的职业行为所产生的社会效果。

正确处理社会效益和经济效益的关系,一方面要求单位和从业者主动地为社会服务、为社会奉献,使自己的本行业、本职工作中,能在取得经济效益的同时产生更大的社会效益;另一方面要求单位和从业者在其职业行为中,必须避免片面追求经济效益而有损于社会效益的现象。在从业过程中,要将当前个人和单位集体的经济利益与今后子孙后代的可持续发展的可能性统一起来考虑,即把社会效益放在首位。

案例链接

"大国工匠"胡双钱

胡双钱——中国商飞上海飞机制造有限公司数控机加车间钳工组组长,一位本领过人的飞机制造师。他操作时小心谨慎,加工完多次检查,"慢一点、稳一点,精一点、准一点"兢兢业业为中国商飞奉献几十载春秋,是名副其实的大国工匠。"大国工匠"胡双钱的工作照如图 2-23 所示。

图 2-23 "大国工匠"胡双钱

本章练习

一、填空题

1. 社会主义职业道德的特征是：_____、_____、_____、_____、_____。

2. 在市场经济条件下,企业成了市场行为的主体,即_____、_____、_____的商品生产者和经营者。

3. "四个全面"是指：_____、_____、_____和_____。

4. 社会主义核心价值观倡导：_____、_____、_____、_____,这是个人层面的价值准则。

5. 办事公道要求从业者做到热爱真理,追求正义；_____；_____；_____；具有一定的识别能力。

6. 奉献社会既是_____的核心内容,也是_____的最高境界。

7. _____是社会主义社会各行各业的劳动者在职业活动中,必须共同遵守的基本行为准则。

8. 职业道德的五项基本规范,即_____、_____、_____、_____、_____。

9. 职业活动的本质,规定了既定职业的社会责任和职业义务,也确认了从业者与群众的关系是_____与_____的关系。

二、判断题

1. 社会主义职业道德是正确处理国家、集体、个人关系的最根本的准则。 （ ）

2. 市场经济本质上是一种经济利益导向的经济,所以产生拜金主义是正常的。 （ ）

3. 职业道德水平的高低对社会风尚影响不大。 （ ）

4. 商品生产者和经营者要想在市场经济竞争中求生存、求发展,必须加强学习。 （ ）

5. 诚实守信既是做人的准则,也是做事的准则,是对从业者的道德要求。 （ ）

6. 在市场经济条件下,能否做到爱岗敬业取决于从业者是否满意自己的职业。 （ ）

7. 服务群众要求从业人员全心全意地为人民群众服务。 （ ）

8. 奉献社会是服务群众的集中表现,是职业道德的一般境界。 （ ）

9. 职业道德调节的范围既适用于本职业的成员,也适用于从事其他职业的人员。
（ ）

10. 社会主义的职业关系是建立在平等的基础上。 （ ）

11. 以为人民服务为核心的社会主义职业道德,是一种全新的道德观念。 （ ）

12. "顾客就是上帝"说明从业者与服务对象之间的关系是不平等的。 （ ）

13. 在市场经济的条件下,人们只有树立起真诚守信的道德品质,才能适应社会生活的要求,实现自己的人生价值。 （ ）

三、选择题

1. 社会主义职业道德基本规范的基础和核心是（ ）。
   A. 办事公道　　　B. 爱岗敬业　　　C. 奉献社会　　　D. 诚实守信

2. （ ）是企业的无形资产。
   A. 注重质量　　　B. 合法经营　　　C. 诚实守信　　　D. 文明礼貌

3.社会主义市场经济是(　　)。

    A.商品经济　　　　　　　B.竞争经济　　　　　　C.法治经济　　　　　　D.公平经济

4.社会主义职业道德的核心是(　　)。

    A.爱岗敬业　　　　　　　B.办事公道　　　　　　C.诚实守信　　　　　　D.服务人民

5.奉献社会的精神主要强调的是(　　)。

    A.爱国主义精神　　　　　　　　　　　　B.集体主义精神

    C.共产主义精神　　　　　　　　　　　　D.忘我的全身心投入精神

四、简答题

1.奉献社会的基本要求是什么？

2.实现"富强民主文明和谐"国家建设目标,每一位公民应该怎么做？

3."四个全面"战略布局的提出完整展现了什么？

4.市场经济对社会主义道德建设有什么影响？

5.在日常生活和工作中,一个人如何才能真正地做到诚信守信？

第三章 大客车驾驶人职业道德规范

第一节 解读大客车驾驶人

学习目标

1. 了解和熟悉大客车驾驶人与其他机动车驾驶人的区别。
2. 熟悉成为大客车驾驶人的条件。
3. 理解大客车驾驶人的职业自豪感。
建议学时:2 学时。

一、大客车驾驶人与其他机动车驾驶人的区别

(一)大客车驾驶人的相关概念

1. 客车的定义
客车是指在设计和技术特征上用于载运乘客及其随身行李的商用车辆。

2. 客车的分类
(1)按客车车身长度分类:6m 及以下为小型客车、轿车;大于 6m 小于等于 9m 为中型客车;大于 9m 为大型客车。
(2)按所载人数分类:9 座以下为小型客车、轿车;10 ~ 19 座为中型客车;20 座以上为大型客车。
(3)按用途分类:城市客车、长途客车、旅游客车、专用客车、铰接客车等。
(4)按燃油性质划分:柴油客车、汽油客车、其他燃料客车等。

3. 机动车驾驶人的定义
机动车驾驶人是指以开动力装置驱动或者牵引,上道路行驶的供人员乘用或者用于运送物品以及进行工程专项作业的轮式车辆的人。"驾驶"是开车的意思。驾驶人俗称"司机""驾驶人""驾驶员"或"开车的人"等。机动车驾驶人必须依法申领相应准驾车型的驾驶证照,才能驾驶对应车型的机动车辆。

4. 大型客车驾驶人
大型客车驾驶人是指承担 20 座以上车型客车驾驶的机动车驾驶人,该驾驶人必须依法申领大型客车驾驶证照(A1)后,才能准予驾驶大型客车(简称"大客车")。

（二）成为机动车驾驶人应当符合法定条件

1. 要依法取得机动车驾驶证

驾驶机动车辆应当依照法律规定申请领取机动车驾驶证照（简称"驾照"），要符合国务院公安部门规定的驾驶许可条件；经考试合格后，由公安机关交通管理部门发给相应类别的机动车驾驶证。即驾驶人要按照驾驶证载明的准驾车型驾驶机动车；驾驶机动车时，要随身携带机动车驾驶证。

2. 遵守道路交通安全法律、法规

驾驶人应自觉遵守各项道路交通安全法律法规，遵守驾驶人职业道德，规范操作，文明驾驶。

知识延伸

关于机动车驾驶证

驾驶机动车需要一定的驾驶技能，对于已具备安全驾驶技术的人员，允许他们在道路上驾驶某类车辆，这种允许的证件就是"驾驶证"，这说明驾驶证是一种"许可证明"。

驾驶车辆的许可是通过驾驶证的核发来实现的，这表明获取驾驶证是一种具有一定格式的行为，必须由专门机关来核发。在国际上，对驾驶证的定义为：为了驾驶汽车，主管当局发给的许可驾驶车辆的证明文件。（摘自联合国经济社会理事会《关于劝告汽车司机批准方式的最低统一规则》）

我国对驾驶证的定义为：机动车驾驶证是指依法允许学习驾驶机动车的人员，经过学习，掌握了交通法规知识和驾驶技术后，经管理部门考试合格，核发许可驾驶某类机动车的法律凭证。

在部分无须强制携带身份证的国家或地区，例如美国、加拿大及日本等，驾驶证可作为一种身份证明文件。要取得驾驶证，需要符合最低年龄，并需要通过驾驶考试。各国对申请驾驶证的最低年龄有不同的标准。而年长的驾驶证持有人，则可能需要在驾驶证续期时进行身体验查。

（三）驾驶大型客车与驾驶其他机动车的条件不同

驾驶大型客车与驾驶其他机动车的条件是不同的，主要反映在年龄、身体（身高、视力）等条件外，还需驾驶相关类型车辆到一定年限（即驾龄），经过培训并考试合格，取得大型客车驾驶证件（代号 A1）后，方可驾驶大客车。

1. 准驾车型和准驾车辆不同

取得准驾大客车驾驶证（A1）后，既可以驾驶大型载客汽车，还准予驾驶 A3、B1、B2、C1、C2、C4、M 等车型机动车。取得其他车辆驾驶证是不具备驾驶大客车的，比如，取得准驾城市公交车（A3）驾驶证，可以准驾 10 人以上城市公共汽车及 C1、C2、C3、C4 车型机动车，不能准驾大型客车。

2. 申领驾驶证照的年龄条件和身体条件不同

（1）年龄条件。申请大型客车准驾车型的，在 26～50 周岁；申请城市公交车准驾车型的,在 20 ~ 50 周岁;申请中型客车准驾车型的,在 21 ~ 50 周岁。

（2）身体条件。一是身高方面:申请大型客车、牵引车、城市公交车、大型货车、无轨电车准驾车型的,身高为 155cm 以上;申请中型客车准驾车型的,身高为 150cm 以上。二是视力方面:申请大型客车、牵引车、城市公交车、中型客车、大型货车、无轨电车或者有轨电车准驾车型的,视力为 5.0 以上;申请其他准驾车型的,视力在 4.9 以上。

（3）增驾条件不同。仍与城市公交车型比较:申请增加大型客车 A1 准驾车型,已取得 A3、B1 或 B2 准驾车型资格五年以上,或取得 A2 准驾车型资格二年以上,并在申请前最近连续五个记分周期内没有记满 12 分记录。申请增加中型客车 B1 准驾车型的,已取得 A3、B2、C1、C2、C3 或者 C4 车型资格三年以上,并在申请前最近连续三个记分周期内没有记满 12 分记录。

从以上的分析比较可知,驾驶大客车的条件要比驾驶其他机动车的条件更高、更严。

二、成为大客车驾驶人的条件

《公安部关于修改＜机动车驾驶证申领和使用规定＞的决定》（公安部令第 139 号）指出成为大客车驾驶人可以通过两种途径实现:

图 3-1　大客车驾驶人

第一种途径:申请增加大型客车准驾车型的,已取得驾驶城市公交车、中型客车或者大型货车准驾车型资格五年以上,或者取得驾驶牵引车准驾车型资格二年以上,并在申请前最近连续五个记分周期内没有记满 12 分记录。大客车驾驶人如图 3-1 所示。

第二种途径:正在接受全日制驾驶职业教育的学生,已在校取得驾驶小型汽车准驾车型资格,并在本记分周期和申请前最近一个记分周期内没有记满 12 分记录的,可以申请增加大型客车、牵引车准驾车型。大客车教学示例如图 3-2、图 3-3 所示。

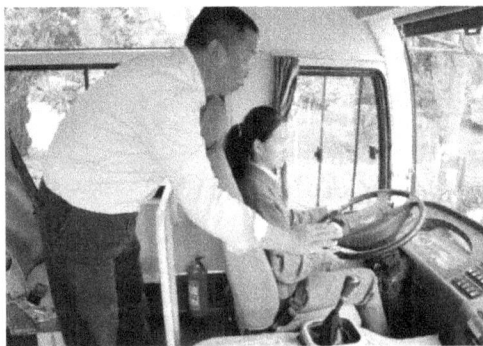

图 3-2　老师现场指导

图 3-3　大客车职业教育长途教学

知识延伸

文 件 摘 录

交通运输部办公厅、公安部办公厅《关于开展大型客货车驾驶人职业教育的通知》(交办运〔2017〕1号)

二、加强审验,严把招生院校资质关和生源质量关

各地交通运输、公安部门要积极协调教育、人社部门,按照厅运字〔2014〕100号文要求,根据本地实际情况选择具备资质的职业院校(含技工院校),开展大型客货车驾驶人职业教育。要联合对有关职业院校的大型客货车实际操作培训场地、设备和人员进行审验,保证大型客货车驾驶人培养质量,确保学生能够具备大型客货车安全文明驾驶素质。承担大型客货车驾驶人培养任务的有关职业院校不得以委托或者合作形式将教学任务交给驾校等其他培训机构承担,违反规定的,取消其招生资格。各地要将选定的开展大型客货车职业教育院校名单分别报送部、省两级交通运输、公安部门。

招生对象须年满18周岁,具有高中(含中等职业学校)及以上文化程度,未取得小型汽车及以上准驾车型驾驶证,身体条件符合《机动车驾驶证申领和使用规定》(公安部令第139号)有关申领大型客货车驾驶证的要求,并通过驾驶适宜性测试。

开展全日制学历教育的高职院校应采用定向、单独编班方式,从本校自愿报名的高职道路运输类或汽车制造类专业新生中选拔进行培养。高级技工学校、技师学院应通过汽车驾驶专业(专业代码:0401-4)进行培养,其招生计划纳入学校年度招生计划总规模。

有关职业院校在组织招生宣传时,应向学生和家长说明培养目标定位、专业方向、就业岗位、工作性质等情况。在完成专业招生,将招生情况报当地交通运输、公安部门备案后,不得突破招生计划,不得再向社会招收学生或在本校范围内随意调剂学生进入该专业学习,不得跨校或跨专业招收选修学生。在校期间发生严重违纪受到处分尚在处分期内的或学驾过程中发生责任事故的,取消在校申领大型客货车驾驶证考试的资格。

……

四、加强管理,规范考试程序

学生经学习通过学校规定的科目考试和技能训练要求后,准予参加申领大型客货车驾驶证考试。在校期间发生严重违纪受到处分尚在处分期内的或学驾过程中发生责任事故的,取消在校申领大型客货车驾驶证考试的资格。申领驾驶证考试应根据学生在校期间的综合表现,采取考试与平时考核相结合的方法。申领驾驶证考试应提前向公安部门预约,考试科目、考试内容和标准按照公安部令第139号要求执行。公安部门应当核查学生学籍、所学专业等相关资料,对未在指定院校学习、未取得学籍、未在规定专业学习的,不予安排考试;符合规定的,要及时按照预约时间安排考试。全部科目考试合格的,公安部门核发大型客货车驾驶证。同时,由相关职业技能鉴定机构根据培训目标和职业标准对学生进行职业技能鉴定,合格者颁发相应等级的国家职业资格证书。

三、树立大客车驾驶人的职业自豪感

案例链接

大客车驾驶人缺口大

据了解,A照驾驶人难招已是全国客运行业的普遍情况,据江苏一家客运企业的副总感叹:"A照驾驶人培养难于研究生",驾驶人难招现象在无锡市20多家客运企业普遍存在,全市客车驾驶人缺口约200人。云南省现有4.93万辆营运大中型客车,按1车3人计算,约需15万名大中型客车驾驶人,全省缺口还有约1万人。此外,还有部分持有从业资格证的驾驶人并未从事驾驶工作,因此实际缺口更大。云南省运管局相关负责人介绍,下一步将探索建立大客车驾驶人就业准入制度,逐步引导从事涉及公共安全、生命财产安全的大客车驾驶人由社会化培养方式向职业化培养方式转变。(来源:浙江金华新闻网 云南都市时报)

(一)高素质大客车驾驶人是国家紧缺的专业人才

《交通运输部办公厅公安部办公厅关于开展大型客货车驾驶人职业教育的通知》(交办运〔2017〕1号)明确指出,"2014年7月,交通运输部办公厅、教育部办公厅、公安部办公厅、人力资源和社会保障部办公厅联合下发了《关于开展大客车驾驶人职业教育试点工作的通知》(厅运字〔2014〕100号),在交通运输部的牵头下,云南、江苏、安徽三省开展大客车驾驶人职业教育试点。目前,试点工作进展顺利,取得了较好成效,对建立大客车驾驶人职业教育培养体系进行了有益的探索,拓宽了大客车驾驶人培养渠道,为创新大客车驾驶人培养模式积累了经验。"

云南省首个大客车驾驶人专业试点设在云南交通技师学院。云南交通运输有限责任公司、云南金孔雀交通运输集团、云南昭通交通运输集团、云南玉溪交通运输集团、云南楚雄交通运输集团和西双版纳昆曼运输有限责任公司等6家企业递上"橄榄枝",正式签订大客车驾驶人职业教育"校企合作"协议。

江苏省行业主管部门结合学生、学校、企业和行业多方因素考虑,最终选择的也是校企合作办学模式。将大客车驾驶人列入紧缺专业人才培养,大客车驾驶人职业培训、大客车驾驶人继续教育统一集中到职业教育体系中,是新形势下对高素质大客车驾驶人培养的改革和探索,是不断提升大客车驾驶人整体素质的有效途径,是持续推动道路客运事业健康发展、安全发展的重要保障,也是当前道路客运事业转型发展的必然需求。

(二)校企合作办学模式,实现从业者和运输企业"双赢"

大客车驾驶人专业人才培养实行校企合作办学,这一模式的好处在于,对于学生来说,经过专业化的学习,顺利毕业后就能获得A1驾驶证、国家职业资格证书(三级)及营运驾驶人从业资格证书,成为大型运输企业客车驾驶人,就业早早有了保障;对于运输企业来说,"订单式"人才培养,让大客车驾驶人储备未雨绸缪,后顾无忧;对广大乘客而言,选择由国家

正规、严格培养的高素质大客车驾驶人掌控的交通工具,能及时满足广大乘客的乘车"安全、舒适、便捷"出行需求。

今后,在交通运输部等部委的支持下,各省道路客运企业与试点院校积极采取深度融合的"校企合作"方式,共同培养大客车驾驶技能人才。对试点工作支持力度大、信誉度较好的客运企业,在新增客运班线或客运运力时给予优先安排。

(三)培养高素质大客车驾驶人是社会经济发展需要

为缓解大客车驾驶人紧缺现状,交通运输部办公厅、教育部办公厅、公安部办公厅、人力资源和社会保障部办公厅等联合制定相关政策,促进大客车驾驶人才培养。

1. 对大客车驾驶考试对象的驾驶经历有所放宽

随着长途客运与城市公交的发展,大型客车越来越多。社会上的客运企业也迅速发展,各种旅游车、厂包车、接送车等都需要有 A1 驾照驾驶人。全国各大城市在招聘大客车驾驶人困难的同时,同城、邻近城市的运输企业之间的客车驾驶人互相流动特别频繁,而相应持A1 驾照的大客车驾驶人短缺问题却愈演愈烈。

过去想成为大客车驾驶人需要经过漫长的过程,"申请增加大型客车准驾车型的,已取得驾驶中型客车或者大型货车准驾车型资格五年以上,并在申请前最近连续三个记分周期内没有满分记录;或者取得驾驶牵引车准驾车型资格二年以上,并在申请前最近一个记分周期内没有满分记录"。为保证客运安全,有的运输公司还规定,取得大客车驾照驾驶人需随车培训三至五年以上才能单独驾驶,顺利的话,29 岁能当上专职驾驶人是非常不错了。

2. 高素质大客车驾驶人是乘客生命财产的"守护神"

近年来,中国政府采取了一系列促进经济增长、改善民生的政策措施,其中,让城乡居民享受交通建设的红利方面成绩显著。

(1)从 2003 年开始,交通运输部调整投资结构,实行通乡、通村、通民心的"村村通"农村公路建设,将城乡客运一体化作为重点民生工程来抓,大力建设城际、城区、城乡三级公交网络,推动公共交通设施向镇村延伸。预计到 2020 年,我国具备条件的乡镇和建制村通硬化路比例达到 100%,具备条件的建制村通客车比例达到 100%。

(2)2011 年,交通运输部下发通知,明确在"十二五"组织开展国家"公交都市"建设示范工程,2013 年年底前,启动 30 个城市示范工程试点工作。工程目标考核包括城市建成区公交站点 500m 覆盖率达 90% 以上,实现主城区 500m 上车、5 分钟换乘;城市周边 20km 范围内城乡客运班线公交化改造率达 85% 以上;公共交通车辆、场站、枢纽的无障碍通行及服务设施基本完善;城市公共交通乘客测评满意度达 80% 以上等。到 2020 年,初步建成适应全面建成小康社会需求的现代化城市公共交通体系。

老百姓选择出行方式日益多样化的今天,在乡镇和城市,公交出行的方便、经济、环保,已成为老百姓最常选取的主要出行方式,与此同时,大客车驾驶人手握转向盘,脚踏生死线,每天掌控着上百名乘客的命运,安全责任大,广大乘客对公交的安全性、舒适性和驾驶人的素质要求也越来越高,"安全、快捷、方便、舒适"的"八字"方针,高度概括了使广大群众愿意乘公交、更多乘公交的心声。

加快城市道路建设,发展新兴的地铁和轨道交通,加大公共汽车的运力投放,加强公交线路网点的覆盖范围和增加公共汽车数量,不断提高公交驾驶人素质及控制私家车数量等是近年老百姓的强烈愿望。

趣味阅读

交通安全警示标语

说说你对下列安全行车警句格言的理解

1.马达一响,集中思想,车轮一动,想到群众。

2.十分把握七分开,留着三分防意外。

3.您驾驶的不光是车辆,更是在驾驭您的生命。

4.交通法规要牢记,路过街市别大意;心平气和莫着急,行车安全没问题。

5.醉(罪)在酒中,毁(悔)在杯(悲)中。

6.夜间会车黑乎乎,看不清楚莫糊涂,该慢就慢不迟疑,该停该慢不马虎。

7.安全行车十几年,出事就在一瞬间;安全行车几万里,出事就在一两米。

8.开车头脑要清醒,紧急情况要冷静;狭路相逢讲文明,主动避让安全行。

9.让一步桥宽路阔,等一时车顺人欢。

10.安全是最大的节约,事故是最大的浪费。

11.车距留适当,遇事心不慌;紧盯车屁股,车祸随时降。

12.骄傲是肇事的起因,麻痹是事故的根源。

13.交通情况变化快,无事要当有事开。

14.牛毛细雨似浇地,点点滴滴道起泥,刹车如踩西瓜皮,千千万万别麻痹。

15.城镇市区繁华道,减速慢行错不了。

16.祸从违章起,福从安全来。

17.各行其道,安全有靠。

18.开车多一分小心,家人多十分安心。

19.司机一滴酒,亲人两行泪。

20.车辆超速行驶,缩短的不是工作时间,而是您的生命时间。

第二节　大客车驾驶人职业道德

学习目标

1.熟悉大客车驾驶人职业道德的含义。

2.了解大客车驾驶人职业道德的形成和发展。

3.熟悉大客车驾驶人必备的职业道德素质。

建议学时:2学时。

案例链接

汪师傅的"四怕"

汪师傅出生于 1973 年 6 月 9 日，礼县白河镇白河村人，高中文化程度，现准驾车型为"A1、A2"，领证日期为 2009 年 11 月。

汪师傅自 1992 年入伍在部队学习汽车驾驶取得机动车驾驶证，复员先后驾驶小轿车、面的、大货车、中型客车，现驾驶大客车，他在驾驶人工作岗位上已达 20 余年，行程达 30 余万公里。他负责的客运路线从市区至县城 97km，途经石桥、江口、中坝、白关、桥头六个乡镇 36 个行政村，该路段依山傍水、坡陡弯急、道路险路险段较多，交通安全隐患较大。汪师傅勤学苦练，练就了一身过硬的本领，更难能可贵的是，他从来不摆"艺高人胆大"的架势，每次出车都谨慎驾驶，按章行车。二十多年来，没出现过任何安全事故。汪师傅不仅精于业务，车开得好，与车相关的知识懂得多，而且十分爱岗敬业。每天驾车平安归来，他说不是靠自己的运气，靠的是真正掌握大客车的行车特点，尊重安全行车的客观规律，事前采取相应的安全操作措施，做到防患于未然。

根据自己的行车经验和对大客车的驾驶认知，他认为驾驶大客车的体会有"四怕"。一怕碰撞行人和非机动车。大客车车长体大，兼前难顾后，一旦与行人和非机动车相撞，后果难以设想。二怕车辆相互碰撞。大客车酷似"钢甲金刚"，但其实是不经碰的，车辆损坏事小，群众生命事大。稍有闪失，难辞其咎。三怕侧滑倾翻。多数大客车重心偏高，行驶稳定性、抗倾翻性欠佳，特别是在急道转弯、雨天行车就极易发生侧滑跑偏，甚至倾翻事故。四怕刹车失效。刹车失效对大客车来说是一种致命伤害。由于大客车车长体重，一旦刹车失效，车速难以控制，容易发生追尾、冲撞或驶出路面而翻车的事故。特别是在下坡时，若刹车失效，其后果不堪设想。

虽然驾驶大客车要"怕"的事还有很多，但只要具备了良好的心理素质，"怕"字当头就会换成"稳"字装心，行车自然就会小心，操作就会冷静，遵章就会自觉，安全就有保障。

讨论：①引发大客车交通事故的因素有哪些？②优秀大客车驾驶人应具备哪些素质？

道路运输驾驶人的职业特点是点多、面广、线长，流动分散作业，劳动强度大，环境复杂多变，服务对象多样，行业形象影响大，工作环境差，易形成生理和心理上的伤害。对驾驶人的自觉性、责任感要求高，所以，任何一家运输企业加强驾驶人的管理仅靠制度管理是不够的，因为制度再完善，也不可能纵向到底，横向到边，更不可能自动地全过程地盯着每一个人。如果一个人缺乏责任感和使命感，恐怕什么样的制度都很难生效。因此，我们一旦选择了大客车驾驶职业，就意味着选择了要敢于担当，不负使命。当我们去完成职业任务时，实质上就是在履行一种契约，责任感和使命感就是对契约的遵守和敬畏。只有信仰的力量和自我约束，才能促使一个人不仅能准确无误地去完成任务，而且比要求的做得更出色。这种对职业的信仰和敬畏就是职业道德。

一、大客车驾驶人职业道德的含义

大客车驾驶人职业道德是调整大客车驾驶人职业活动中与他人、与社会的行为规范的总和。道路运输行业属于服务性行业，是人与打交道最直接、最频繁的行业，是一个"行万里路，见多识广"的行业，是一个工作压力大，人身安全风险大的行业。大客车驾驶人是道路运输行业综合形象的具体体现。

二、大客车驾驶人职业道德形成和发展

(一)大客车驾驶职业的形成与发展

汽车驾驶职业随道路运输业的产生而产生，并随道路运输业的发展而发展。自德国人卡尔·佛里特立奇·本茨在 1886 年研制出世界上第一辆汽车后，汽车作为近代先进的交通工具，在英、美、法等西方国家相继开始运用。我国制造的第一车"解放"牌汽车于 1956 年 7 月在长春一汽总装线上盛装下线。汽车的诞生和发展，取代了人力和畜力车运输，形成了交通运输业的新门类——道路运输业。汽车经过 130 多年的发展历程，已成为人们出行的主要交通工具之一。

(二)大客车驾驶人职业道德的形成与发展

大客车驾驶人职业道德和其他职业道德一样，是伴随着社会生产力的发展而逐渐形成的。如新中国成立前的人力车夫相互间就达成了一种默契，按序排队，自觉维护运输秩序；遇强人欺侮，主动帮助，团结一致共同对外；他们提倡诚实做人，对顾客热情相待，唯命是从，唯恐服务不周；与人为善，忍让为重等，这些都是交通运输业在特定的历史条件下所约定的。

二十一世纪，大客车驾驶行业的重要性随着我国经济的不断发展而快速提高，成为国民经济发展的重要部分，大客车驾驶人的职业道德也随着职业实践活动的日益丰富而得到不断丰富和发展。

三、大客车驾驶人必备的职业道德素质

名言警句

欲修其身者，先正其心；欲正其心者，先诚其意。

——礼记

君子之守，修其身而天下平。

——孟子

君子之行，静以修身，俭以养德，非淡泊无以明志，非宁静无以致远。

——诸葛亮

> 在我们这个行业,当你开始关心数钞票胜于做好广告及服务客户时,很快地你就会发现没有多少钞票可数。
>
> ——李奥·贝纳

大量交通事故数据分析统计,引发交通事故的人、车、路三要素中,80%以上的事故都是由人的因素造成的,驾驶人的素质和驾驶行为是影响道路交通安全的核心因素之一。驾驶人素质修养高则行车安全性就会高,进而就会减少道路交通事故的发生,反之,则容易发生交通事故。因此,驾驶人的身体素质、道德素质、心理素质是驾驶人和关心交通安全的人们长期研究的重点。

大客车驾驶是一项连续、单独、时间长,对人的精力和体力消耗较大的工作,要求驾驶人有较强的观察能力、思维能力、反应能力、应变能力、判定能力和熟练而正确的汽车驾驶操纵技术的能力。劳动强度大、独立性强和责任性强、风险性高是大客车驾驶岗位的职业特点,强健的身体素质是从事大客车驾驶职业的前提。

大客车驾驶人的职业活动除了受到行政的、纪律的外部约束和调节外,更需要用道德的内心信念来调节。优秀的大客车驾驶人应具有以下职业道德素质。

(一)遵纪守法,安全行车

遵章守法,安全行车,就是要求大客车驾驶人遵守交通运输、安全生产等方面的相关法律法规及行业规章制度,保证安全行车。行车过程中,只有遵守法律法规要求,才能保证乘客生命财产安全,也才能在生命财产发生侵害时获得法律保护。

首先,每个驾驶人都要牢固树立遵章守纪光荣,违章肇事可耻的思想,自觉遵守国家和地方制定的与道路运输相关的法律法规,如《中华人民共和国道路交通安全法》及各省市道路运输管理条例和规章等,做到知法、懂法、守法。自觉接受交通、路政检查示例如图3-4所示。

图3-4　自觉接受交管、路政检查

其次,严格遵守道路运输企业制定的各项规章制度和安全行车操作规程,做好出车前、行车中、收车后的各项检查工作,行车中规范操作、安全驾驶,始终把乘客的生命财产安全放在首位。

最后,养成良好的驾驶习惯和行车心理,不开英雄车、斗气车,不超速,不超员,文明驾驶,安全行车。

(二)爱岗敬业、优质服务

1. 爱岗敬业

爱岗敬业是指热爱自己的驾驶岗位,并用认真负责的态度对待自己从事的职业,根据乘客的实际需求提供规范、安全、及时的运输服务,不断满足广大乘客日益增长的出行需求。爱岗敬业也是驾驶人履行服务社会的根本,所以要树立敬业、爱业的思想。

爱岗敬业驾驶人在平时的工作中要做到以下几个方面：

(1)有干一行、爱一行的精神

职业没有贵贱之分，只要为社会做出了贡献，都是值得尊重的职业。道路运输担当着运送乘客的重任，对国民经济发展和人民的生活水平提高至关重要，应本着干一行爱一行的精神，将无限的热情投入到实际工作中。

图3-5 用心服务

(2)树立顾客就是上帝的服务意识

树立顾客就是上帝的服务意识。经常换位思考：当自己是乘客时，希望得到最好的服务；而我们在服务我们的顾客时，是否做到设身处地地为我们的顾客考虑呢？在市场经济的今天，维系未来职业发展的是顾客。因此，在道路运输服务中，要时刻为乘客着想，真诚服务，用心服务(图3-5)。

2. 优质服务

优质服务是一切职业活动的本质。孙中山先生说："服务就是我为人人，人人为我"。服务是企业的无形和无价商品。所谓"服务"就是为满足消费者的需要而付出的智能和必要的劳动；是为乘客提供方便，解决各种实际问题，让乘客享受旅途愉快而得到的心理上的满足。大客车驾驶人是社会主义精神文明的践行者和义务宣传员，工作中时时处处通过优质服务工作宣传社会主义核心价值观和塑造行业良好形象。乘客是我们尊敬的客人，为他们提供优质服务是我们义不容辞的责任。

(1)大客车驾驶人应树立正确的服务理念，因为：客人是企业利润的来源；客人并不依赖我们，而我们要依赖客人；客人对我们最大的惩罚就是再也不乘坐该驾驶人驾驶的车辆了，而且会对企业产生信任危机；客人不一定永远是对的，但让客人带着不满意离开，就是我们的错。

(2)怎样看待乘客的对与错？事实上，乘客有对有错。但在我们的心中，乘客永远是对的；乘客的对错已经不重要，重要的是乘客满意，才有心情再次消费；与乘客争高低、比输赢不是明智的选择。

(3)怎样理解"客人总是对的"？凡是涉及旅客不放心、不满意的问题，重要的不是客人说的话"是不是符合事实"，而在于我们怎样做乘客能放心、满意；在分不清乘客是不是"对的"的时候，先假定乘客是对的；服务工作无小事，大与小是相对而论的。小事做不好，大事可想而知；我们每天的工作都是由小事组成的，100 − 1 = 0；"平等"不等于时刻"平起平坐"，我们代表企业形象。

案例链接

乘客的三种心理

1. 求补偿

因大客车企业或大客车驾驶人的失误，造成不愉快事件的发生，从而要求大客车企业给予补偿。

2. 求发泄

因工作压力大,情绪处于爆发的临界点,而此时旅途中遇到令人气愤的事,怒气回肠。

3. 求尊重

无论是软件服务,还是硬件设施出了问题,在某种意义上都是对乘客不尊重的表现,乘客前来投诉就是为了挽回面子,求得尊重。有时,即使我们没有过错,乘客为了显示自己的身份和与众不同也会投诉。

让旅客满意是我们不懈的所求!

测试题:你是否准备好提供优质服务?

做法:在每题中找出最能反映你情况的分数记录下来,最后把每道题的分数累加,得出你的总分。

1. 大部分时间我都能控制自己的情绪。10.9.8.7.6.5.4.3.2.1 我不怎么能控制情绪。

2. 别人对我冷漠,我也能友善对待他。10.9.8.7.6.5.4.3.2.1 我的态度常受他人左右。

3. 我喜欢身边的大多数人,也喜欢认识其他人。10.9.8.7.6.5.4.3.2.1 我与人相处困难。

4. 我喜欢为他人服务。10.9.8.7.6.5.4.3.2.1 我只愿意接受他人的服务。

5. 就算我没错,我也不介意道歉。10.9.8.7.6.5.4.3.2.1 我觉得道歉很难为情,没有错就更不用说了。

6. 我能很快记住别人的名字和面孔,在和人打交道时,会尽力增进这方面的技巧。10.9.8.7.6.5.4.3.2.1 如果不再见到那人,没有必要花工夫记住他的名字和面孔。

7. 微笑对我是很自然的事。10.9.8.7.6.5.4.3.2.1 我生性比较严肃。

8. 我喜欢看到别人快乐。10.9.8.7.6.5.4.3.2.1 我没有去讨好别人的动力,尤其是那些我不认识的人。

9. 我保持仪表整洁光艳。10.9.8.7.6.5.4.3.2.1 保持仪表整洁光艳不是那么重要。

分析自我评估结果:

☐ 如果你给自己80分以上,相信你在服务乘客方面一定很出色。

☐ 如果你给自己的分数在30～80分之间,你是有潜力的,希望你努力再努力一些。

☐ 如果你给自己的分数低于30分,你或许会考虑其他不涉及每天与人有接触的工作,但无论你从事哪个行业,哪种职业,也要视你的同事如客人,了解服务他人的基本知识,这将有助于你的成功。

(三)诚信经营,公平竞争

诚信经营是道路运输行业树立信誉的根本。缺乏诚信,往往会导致自身的信任危机,最终被社会抛弃。进行公平的竞争是指在道路运输业务开展中,遵守市场经济规律,通过提升服务质量进行公正和平等的竞争。

诚信经营、公平竞争要求大客车驾驶人做到以下几点:

1. 真诚对待客户

客户是企业发展的源头动力,应对客户保持善意、诚实、严守信用的态度,反对任何的欺诈行为。主要表现为:不欺骗乘客,不故意绕道,不任意抬高票价,不敲诈勒索或吃拿卡要。行车过程中出现意外情况要及时告知乘客,尊重乘客的选择。

2. 互相尊重,公平竞争

互相尊重是驾驶人应该具备的职业道德修养,是与同行建立正常关系的基础。公平竞争是要求驾驶人在开展业务中自觉遵守职业道德规范,本着公正、平等的原则竞争。

大客车驾驶人要与同行为友,讲究礼貌、礼节,互相尊重,互相学习,取长补短,通力协作,共同提高道路运输水平。竞争中不贬低同行、抬高自己、互相拆台,不欺行霸市,不搞地方保护主义等不正当竞争,而是用提升服务品质来增强市场竞争力。

(四)文明驾驶,礼貌待人

1. 文明驾驶

文明驾驶是社会文明在驾驶机动车这一行为上的体现,体现了驾驶人的职业素质和文化涵养。大客车驾驶人作为传播社会主义精神文明的使者,更应该讲文明、讲礼貌。

要做到文明行车,重要的就是要从点滴入手,提高素质。一是自觉地树立文明行车的理念;二是要想办法提高自己的驾车能力。行车中做到"十不",即驾驶人和乘客未系好安全带不开车,开车时不接打电话,不向车外抛杂物,不随意变更车道,依次等候不加塞,路口不与行人抢道,不违章占用超车道,不随意停车,不违章鸣喇叭,不穿拖鞋或高跟鞋开车。

2. 礼貌待人

礼节、礼貌是优质服务的重要内容和基础。礼节、礼貌就是人们在接触交往中相互表示敬重和友好的行为准则,它的本质是体贴别人,尊重别人。

驾驶人在工作中的礼节、礼貌、言行举止是行业文明程度的重要标志,是衡量行业道德水准高低的尺度,也是行业竞争的重要软实力。据职业设计专家、心理学家以及人力资源专家们研究:在给交往对象留下的印象中,55%来自于相貌、表情、视线等视觉信息,38%来自于语气、语速、语调等听觉信息,也就是说第一印象在人际交往中的重要性占93%,而谈话内容只占7%。驾驶人在职业活动中礼貌待人应做到"四个到位",即心态到位、姿态到位、行动到位、方法到位。礼貌待人的具体要求是:

(1)仪表端庄。仪表端庄是一个人的精神面貌、文化道德修养的外在表现。员工的个体形象是企业的金字招牌,员工有责任、有义务通过个体的言行举止来维护企业形象,让企业得到更好的发展,同时也使自己拥有更多的职业自信和更强的职业竞争力。职业活动中应自觉做到:面容清洁自然、目光亲切平和、穿戴得体、仪态优雅、言谈自信和积极进取。

(2)态度和蔼。态度亲切热情、平等待人,说话和气,言词文明、礼貌,对乘客的问题给予满意的回答,对乘客的合理要求尽力给予满足,如遇到乘客之间发生矛盾,要及时主动劝解和化解矛盾,避免双方矛盾激化。

(3)声音悦耳,语速适中。语速太快,给旅客的印象是:你在应付他,急着办别的事,不重视他,不在乎他。语速太慢,旅客觉得你漫不经心、懒散,不勤快,不愿帮他。

(4)语调语气亲切委婉,通过语调语气向旅客传递的信息是:我乐于帮你。

(5)言行举止。说话和行为要适合身份,要合乎情理,符合行业规范要求;养成使用礼貌语言和使用敬语的语言习惯,比如称您、先生、夫人、女士,联系时用"请问、劳驾"等表述方式;在行车途中,驾驶操作动作应规范,能灵活熟练地处理各种交通突发事件,确保乘客安全;说话时面带微笑,表情谦和,亲切有礼,让人如沐春风。

(6)遵守秩序。遵守交通规则和养成安全行车的职业习惯,维护社会公德,遵守职业纪律;严格按客车时刻表运行,正点运行,维护企业信誉,让旅客安心。安全礼让示例如图3-6所示。

(7)讲究卫生。保持车体干净卫生、美观;养成良好的个人卫生习惯。

(8)尊老爱幼。尊老爱幼是中华民族的优良品德,作为中华儿女,我们要弘扬这种品德。孟子说得

图3-6　安全礼让

好:"老吾老,以及人之老,幼吾幼,以及人之幼。"在乘客上下、行车过程中要特别注意给予行动不便的老人、带小孩人员和病人关爱和方便,只要有需要,就尽全力帮助。

第三节　大客车驾驶人职业道德规范要求

学习目标

1.熟悉行车过程中的"四个意识"和"三种精神"。

2.熟知大客车驾驶人的规范行车要求。

3.熟悉常见不良行为规范的危害性,掌握不良行为规范的预防措施。

建议学时:8学时。

名言警句

交通纵横,文明出行;牢记法规,爱贯全程;

人本高雅,礼让尊重;戒酒戒躁,手脚灵动;

有序停放,和谐美景;城市神州,民族复兴。

一、大客车驾驶人职业道德规范的具体内容

大客车驾驶人在行车过程中,要体现"四个意识"和"三种精神"。

(一)道德意识

做事先做人,这个道理适用于任何行业。大客车驾驶人更应该清楚自己的责任和应遵循的规矩,哪些是应该说的、应该做的,哪些是不该说的、不该做的。本分做人,踏实做事,真心实意地服务好每一位乘客。平时要加强政治和业务学习,提高个人综合素质,加强个人道德修养,做到礼貌待人,童叟无欺,一视同仁,自觉遵守驾驶人职业道德规范,只有具备良好的行为规范,才能安全行车,文明出行。强化道德意识如图3-7所示。

(二)服务意识

客车驾驶人的工作,是通过驾驶客车将乘客从甲地运至乙地,为个人或单位服务来完成

自己的工作任务的(图3-8)。客车驾驶人的工作完全是一种服务性的工作,在对乘客运输的整个过程中,讲究的是服务意识、服务态度、服务质量。所以,只有牢固树立服务意识,认真做好每一件事,才能成为一名合格的客车驾驶人。

图3-7 强化道德意识

金牌司机揭晓
不负荣耀 奋力前行
品质服务 让出行更舒心

图3-8 强化服务意识

(三)安全意识

驾驶车辆,安全是第一位的,特别是作为从事客运工作的大客车驾驶人,安全行车更是工作的重中之重,它关系到驾乘人员的安全、家庭的幸福、社会的安定、运输单位声誉及工作任务的完成。要做到行车安全,就必须牢固树立安全意识。所以,要积极参加单位组织的安全、服务等相关教育培训(图3-9)。平时要注意加强对自己所驾驶的客车的检查、维护和保养,行驶中更要遵守交通法规,谨慎驾驶,时时刻刻注意安全,不辜负家庭、单位、社会及国家的期望。

图3-9 参加安全教育

(四)守法意识

这里所说的守法意识,就是要自觉和模范遵守《中华人民共和国道路交通安全法》《中华人民共和国道路交通安全法实施条例》以及相关法律法规,并以自己的行动影响和带动他人。遵守相关交通法律法规和各种规章,是驾驶人职业活动正常开展的前提和重要保证,更是实现安全行车的必要前提。客车驾驶人要学法、懂法,更要守法,自觉用道路交通安全法规来约束自己的行为,接受交通管理部门的管理,这是对机动车驾驶人特别是大客车驾驶人职业道德的基本要求,也是安全行车的重要保证。自觉遵章守法如图3-10所示。

(五)爱岗敬业精神

爱岗敬业是人类社会最为普遍的奉献精神,它看似平凡,实则伟大。任何一份职业,一个工作岗位,都是一个人赖以生存和发展的基础保障。同时,一个工作岗位的存在,往往也是人类社会存在和发展的需要。所以,爱岗敬业既是个人,也是社会存在和发展的需要(图3-11)。

图3-10 自觉遵章守法

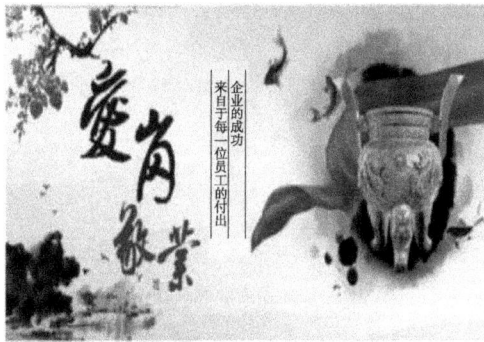

图3-11 爱岗敬业

爱岗是对人们工作态度的一种普遍要求,爱岗就是热爱自己的工作岗位,热爱本职工作。一个人,一旦爱上了自己的职业,他就会全身心地投入到具体工作中,就能在平凡的岗位上,做出不平凡的业绩。敬业就是用一种严肃的态度对待自己的工作,勤勤恳恳、兢兢业业,忠于职守,尽职尽责。一个人只有首先尊重自己的职业,才能唤起他人对其职业的尊敬,才能使所从事的职业焕发光彩。

大客车驾驶人要热爱自己的工作岗位,要把为人民服务贯彻到驾驶工作的每一环节,把服务乘客作为为人民服务的具体体现。客车驾驶人要服从调度指挥,安排出车不挑人不挑事。认真对待每一次出车,牢记自己的责任和使命,勤勤恳恳,认真负责,为乘客服好务。

(六)见义勇为精神

见义勇为是指为保护国家、集体利益或者他人的人身、财产安全,不顾个人安危,与正在发生的违法犯罪作斗争或者抢险救灾的行为。见义勇为主要分为两种类型:第一类是同违法犯罪分子做斗争的行为;第二类是抢险救灾的行为。

当今社会存在各种各样的不稳定因素,违法犯罪现象还时有发生,道路上的各类意外事故也经常可见。当国家和人民群众安全受到威胁,社会公共利益受到危害时,大客车驾驶人应该挺身而出,伸张正义,不畏强暴,敢于斗争和善于斗争。在人民生命财产受到威胁的时候,能够挺身而出,积极参加抢险救灾,减少损失,降低危害。弘扬见义勇为精神如图3-12所示。

(七)救死扶伤精神

救死扶伤是每个公民应尽的义务。大客车驾驶人在驾驶工作中经常会遇到突发性的伤病

图3-12 弘扬见义勇为精神

员,如交通事故中的受伤者,急需救助的病人和孕妇等。遇到这种情况,大客车驾驶人应急群众之所急,及时将伤员、病人尽快送往医院救治。当然,大客车驾驶人也学会用合适的方式方法,才能保证救死扶伤工作迅速有效。参与救死扶伤如图 3-13 所示。

图 3-13　参与救死扶伤

二、大客车驾驶人规范行车要求

大客车驾驶人既是乘客能够安全到达目的地的安全运输者,也是运输过程中传播文明的使者,大客车驾驶人驾驶过程中的言行或多或少会影响乘客旅途的心情。如果大客车驾驶人能规范、安全、文明驾车,将会给车上乘客传递一个美好的感受,使旅途变得开心和愉快,反之将严重影响乘客的身心健康。所以,大客车驾驶人的工作性质,决定了在整个行车活动中必须规范操作,做到安全行车、文明驾驶,认真做好相关环节的工作。

(一)出车前准备

出车前,大客车驾驶人要做好以下准备:

(1)不饮酒,不服用国家管制的精神药品或者麻醉药品,不得有妨碍安全驾驶车辆的情况,要保证自身身体状况良好、情绪稳定、精力充沛;如果有疾病、过度疲劳、家庭和社会矛盾影响情绪的,暂停驾驶大客车。出车前身体检查如图 3-14 所示。

知识延伸

哪些药开车前不能吃

除了感冒药外,晕车药、抗过敏药、镇咳止痛药和降糖降压药等都会对人的神经系统有抑制作用,并且起效越快的药,其药性越大,因此在服用上述药物后至少在 4 个小时之内不要开车,效用较强的药品至少要休息 6 个小时后再开车。

(2)加强大客车的日常保养,定期进行二级维护,确保大客车技术性能良好。严禁私自加装、改装大客车的设施设备。严禁驾驶安全设施不全或者安全技术状况不符合安全技术标准要求和存在安全隐患的大客车。

(3)出车前要做好车质车况的安全检查工作,确认无漏油、漏水、漏气等现象。大客车车身外表、轮胎外表和气压符合规定。转向机构、制动系统、灯光、刮水器、随车装置、工具、灭火器、安全锤等要确认齐全有效。做好出车前检查如图 3-15 所示。

(4)检查车载卫星定位系统设备工作是否良好,摄像头是否端正;检查空调、视听等设施是否完好有效。

(5)出车时必须携带行驶证、驾驶证、从业资格证、道路运输证、客运线路标识牌、超长客运派遣单等,不全或不符合规定一律不得出车;同时必须在规定位置放置客运标志牌,客运班车还应随车携带《道路客运班车经营许可证明》及发车路单,客运包车应随车携带包车协议或包车票。

图3-14　出车前身体检查

图3-15　做好出车前的检查

（6）要提前熟悉运行计划和作业任务,了解和掌握运行线路的道路状况、限速情况、气候环境以及沿线安全隐患路段情况等基本信息,做好极端恶劣天气、道路断道、各类突发事件的应急准备。

（7）乘客上车时,大客车驾驶人应主动在车门一侧迎接,与乘客核对车次、乘车日期和到达站点等信息,招呼乘客安全上车,帮助乘客将大件行李放置在行李舱内,安放完毕后及时锁好行李舱门。驾驶人还应检查乘客随身行李是否安放正确、稳妥,避免影响安全出行。

（8）主动接受公司发班前的安全教育告知和安全宣传督导,发班前要面对面地向旅客郑重做出"五不两确保"的安全承诺,并接受广大旅客的行车安全监督。

知识延伸

"五不两确保"内容

五不——不超速（严格按照道路限速要求行驶）、不超员（车辆乘员不得超过核定载客人数）、不疲劳驾驶（日间连续驾驶不超过4小时,夜间连续驾驶不超过2小时）、不接打手机（在驾驶过程中保持注意力集中）、不关闭动态监控系统（做到车辆运行时时在线）。

两确保——确保乘客系好安全带,全程按要求佩戴使用;确保乘客生命安全,为旅途平安保驾护航。

（9）自觉接受汽车客运站、停靠站的"三不进站六不出站"安全检查,不符合"六不出站"规定的班车客运,坚决不得出站经营。未经安全检查合格的包车（含旅游包车）,不得发班营运。

知识延伸

汽车客运站"三不进站、六不出站"安全管理规定具体内容

三不进站——无关人员不进站、无关车辆不进站、易燃易爆易腐蚀等危险物品不进站。

六不出站——超员客车不出站、客车证件不齐不出站、乘客未系安全带不出站、出站登记表未签字不出站、驾驶人资质不符合要求不出站、安全例行检查不合格客车不出站。

(二)一般行驶

(1)客车出站前,驾驶人要再次确认所有乘客已系好安全带,车门关好,车上乘客无超员、无漏乘等异常情况。

(2)大客车驾驶人要严格按照《车辆运输安全操作规程》安全驾驶,按照规定的线路、站点、班次、时间以及包车运输合同运行,在规定的途经站点进站上下乘客,无正当理由不得私自改变行驶线路,严禁站外上客或者沿途揽客、将客车转交他人驾驶等行为。

(3)行车过程中遵守"五个不得",即不得强迫旅客乘车,不得中途将旅客交给他人运输或者甩客,不得敲诈旅客,不得擅自更换客运车辆,不得阻碍其他经营者的正常经营活动。

(4)运输途中必须保证车载监控终端装置正常使用,保持客车运行实时在线,发现车载终端出现故障时,要及时报告公司监控管理平台;当收到车载终端或监控管理平台发送的警示信息后,要立即纠正违法违规行为。

(5)大客车驾驶人在起步时,要注意观察车辆前方及周围的情况,在确保安全的前提下平稳起步。换挡时加速踏板与离合器踏板要协调配合,减少乘客的不适感。驾驶过程中随时留意车上乘客动态,对在车厢内走动人员要及时提醒;观察仪表的指示情况,发现问题及时采取措施甚至停车,一定要确保乘客和车辆安全。

(6)大客车驾驶人在行驶中,要文明行车、规范操作、安全驾驶,保障旅客乘车安全。自觉遵守道路交通管理法规和所属企业制定的安全行车规章制度,中速行车、操作平稳,不无故急刹车或鸣喇叭,力求使乘客舒适满意。

(7)专心驾驶,遵规守法。保持良好的精力,注意力集中;要眼观六路、耳听八方,随时注意道路及周围车辆和行人,严格遵守道路交通安全法律法规,不超速、不接打手持电话,不抽烟,不吃东西,不与他人闲谈,不关闭动态监控系统。

(8)养成规范操作的好习惯,根据所驾驶客车的技术状况,采取合理措施,发现问题采取措施果断,该停则停,该慢则慢。

(9)在中途休息时,应检查轮胎、轮毂、仪表、灯光等是否完好,行李舱是否关锁好。按照每驾驶4小时必须休息,休息时间在20分钟以上。严格执行凌晨2时至5时停车休息制度,如遇堵车等不可抗拒原因导致凌晨2时至5时不能按时停车休息的,要提前向当地的公安交警部门如实报告,听从公安交警部门的指挥,并向公司GPS监控中心报备。

(10)按规定停靠站点,使用文明礼貌用语,配合做好报站工作;车辆停稳后才能打开车门,让乘客井然有序地下车拿取行李;中途站点停靠时,待旅客上车坐稳后才能关门发车。

(三)高速路上行驶

高速路上行驶时,有几个特点:长时间在高速路上行驶,轮胎温度上升,易发生爆胎;驾驶人对速度的感知能力下降,容易超速行驶;在高速情况下,突然遇到行人、动物或行车道有障碍物时,处置不当易发生事故等。

大客车在高速路上行驶时,要注意以下几点:

(1)驶入高速公路时,要在加速车道上提高车速,同时开启左转向灯,在不妨碍高速公路其他车辆正常通行的情况下驶入行车道,切忌强行进入。

(2)大型客车在高速公路上行驶时,除需超越前方车辆外,一律在右侧行车道上行驶。

(3)行驶过程中需要变更车道时,必须提前开启转向灯,观察需变更车道上车辆的行驶情况,确认安全的情况下再进行车道变更。

(4)大客车需驶出高速公路时,应开启右转向灯,降低车速后,沿驶出匝道标线进入匝道,不得在临近出口时突然减速变道。

(5)大客车在高速公路上行驶时,应与前车保持200m以上安全车距。

(6)大客车在高速公路上超车时,要提前开启左转向灯,夜间还须变换远、近光灯,提醒被超车辆。确认即将进入的超车道无其他车辆干扰,有足够的超车空间,再进行超车。超车后,要及时驶回行车道。

(7)当后车示意超车时应减速让行,不得长时间占用超车道行驶。

(8)大客车驾驶人在高速公路上驾驶客车时,要严格按照限速标示行驶,最低时速不得低于50km,应遵守交通标志或者标记的规定进行安全驾驶。

(9)大客车驾驶人高速行驶中一定要避免猛打转向盘。遇有大风时,转向盘不易控制,要降低速度,谨慎驾驶,特别是在隧道出口处,要注意侧风使转向盘偏斜。

(10)大客车在高速公路上严禁倒车、逆行,不得停车上、下乘客(图3-16),不准穿越中央分隔带掉头或者转弯。

(11)当客车发生故障需要停车排除时,要开启右转向灯缓慢驶入临时停车港或紧急停车

图3-16　高速路违章上下乘客

带,停车后开启危险报警灯,在距车后方150m处设置警告标志。并将车上乘客转移到护栏外较为安全的地方,并迅速和施救单位示助。切忌将乘客滞留在大客车上。

(四)超车行驶

(1)超车前,大客车驾驶人应充分了解本客车的加速性能,在确保喇叭、转向灯和前照灯等机件工作正常的情况下,选择平直宽阔、视线良好、左右均无障碍且前方路段150m范围内没有来车的道路,在保证安全的前提下方能进行超越。

(2)超车前,应提高车速,向被超车的左侧靠近,缩短与被超车的距离,打开左转向灯并鸣喇叭(夜间用变换远近光灯示意)通知前车,确认前车让超或做出让超示意后,方可加速超越。

(3)超过后应继续沿超车道行驶,在超过被超车20～30m后,打开右转向灯,再驶回原车道并关闭转向灯,不可在超车后立即驶回原车道,容易使被超车辆被逼停,这是不道德的行为,否则极易造成车辆剐蹭甚至出现重大交通事故。

(4)超车过程中,发现左侧有障碍、横向间距过小或对面来车距离很近等意外情况时,要尽快减速,停止超越,切不可采取紧急制动,以防车发生侧滑、跑偏等现象,从而发生碰撞。超车过程中千万不可存在侥幸心理强行超车而发生事故。

(5)根据有关规定,在以下情况下是禁止超车的:前车正在左转弯、掉头、超车;超车时与对面来车有会车可能;前车为执行紧急任务的警车、消防车、救护车;行经铁路道口、交叉路口、窄桥、弯道、陡坡、隧道、人行横道、市区交通流量大的路段时没有超车条件的。

(五)会车行驶

图3-17 安全会车

大客车驾驶人在每天行车中要进行无数次的会车,安全会车是对驾驶人一个最起码、最基本的要求。安全会车如图3-17所示。

(1)通常路段会车前,大客车驾驶人应观察对面来车及道路和交通情况,选择适当的会车地点。会车时,要适当降低车速,把稳转向盘,同时保持两车间留有足够的横向距离,会车要做到"礼让三先"(先让、先慢、先停),选择适当的地点靠右通过。

(2)遇有障碍物,车辆交会应遵守距离较近、车速较快、前方无障碍物一方车辆先行的原则。如果来车速度较慢或离障碍物较远时,应果断加速超越障碍物后驶入右侧并交会,也可根据需要适当降低车速,在超越障碍物前与来车交会。

案例链接

判断错误造成的交通事故

一辆解放牌汽车在多处凹陷的道路上行驶,当该车驾驶人转动转向盘,为绕过坑洼而驶入逆行线时,恰巧有一辆轿车迎面驶来,由于解放牌汽车驾驶人没有正确的估计迎面而来的车辆车速和两车之间的距离,当他看到已临近轿车时,才知道自己的判断错误及后果的严重,急忙向右打方向,但为时已晚,并没有避免与轿车的相撞,造成2人受伤,1人死亡的交通事故。

汽车需要绕过障碍物而驶上逆行线时,必须注意公路上的其他机动车,若与其相临近时,必须平稳地降低车速,甚至停在障碍物的前面,待逆行线上的机动车行驶过后再绕过障碍物,并提前发出转向指示信号,提醒其他驾驶人,防止绕行时引起意外。

讨论:如果开车的人是你,请问你会怎么做?

_____

_____

_____

(3)狭窄坡路会车,要遵循下坡车让上坡车,当下坡车辆接近坡底时,上坡车让下坡车。

(4)在狭窄的山路会车时,要遵循不靠山体的一方先行的原则,确保会车车辆都安全。

(5)雨天及冰雪路、泥泞路会车时,因路面湿滑,必须提前减速,选择宽阔地点会车,必要时停车交会。靠边让路时切不可驶进路基,土质路基被雨浸湿后,既滑又软,轻则引起车轮打滑下陷,重则滑出路面或压塌路基造成翻车。交会瞬间还应注意不可使用紧急制动,以防侧滑引起碰撞。

（6）夜间会车，如果在照明良好的道路上行驶，不准使用远光灯；在没有路灯或虽有路灯但照明不好的道路上，可以使用远光灯，但须距对面来车 150m 以外互闭远光灯，改用近光灯；在窄路、窄桥与非机动车会车时，不准持续使用远光灯。

总之，大客车驾驶人在会车过程中，一定要避免强超强会，要尽量减少会车险象环生的情况，提高乘客的安全感。

（六）路口行驶

交叉路口机动车、非机动车、行人混行，交通的冲突点较多，大客车驾驶人在行径到路口时，要注意以下几点：

（1）客车行驶到接近有交通信号灯的交叉路口时，应减速，按照所需行进方向驶入导向车道（图 3-18）。遵守"红灯停，绿灯行"的原则，并遵循让优先通行一方先行的原则，即：让已在路口内的车辆先行；对向转弯时，左转向车应让右转向车先行；遇人行横道时，要避让通过的行人和非机动车，让右侧无来车的先行。

（2）在有交通信号灯或交通警察指挥的路口行驶时，一定要严格遵守交通信号指示或者交警手势行驶，要注意避让其他车辆和行人。坚决杜绝闯红灯、抢黄灯等行为。

图 3-18 路口行驶

（3）在通过无交通信号灯路口时，必须遵循"一慢、二看、三通过"的原则：一慢，即提前减速，精神集中；二看，即观察左右，注意人车；三通过，即确认安全后，顺利通过。

（4）当机动车通过铁道路口时，要按照交通信号或管理人员的指挥通行。没有交通信号或管理人员的，要减速或停车，在确认安全后通过。

（七）坡路行驶

（1）下长坡、陡坡前，大客车驾驶人一定要试踏制动器是否有效。下险峻山坡前，必须停车检查转向系、制动系及轮胎等。客车在下坡行驶时，驾驶人要根据道路情况控制好车速，要注意与前车保持必要的跟车距离。

（2）使用制动踏板时要及时、适当和平稳，避免急刹车或车猛刹猛放，防止与前后车辆造成追尾。下坡时充分利用发动机牵阻作用进行制动，严禁使用空挡下坡。

（3）下坡使用制动器时间较长时，应选择安全地点停车休息，以便制动鼓自然冷却，严禁向高温的制动鼓泼水。下坡行驶严禁超车。

（4）上坡行驶时，要根据车辆的行驶速度和惯性，掌握好本车的速度和挡位。行驶时要注意前车的动态，必要时加大与前车的距离，甚至停车，停车时注意防止客车后溜。

（5）在设有爬坡车道的上坡路段，大客车应在爬车道上行驶。

（6）坡路会车时，一定要注意控制车速，做到安全礼让。

(八)窄路行驶

(1)大客车在乡村窄路行驶时,一定要降低车速,走道路居中的路面,留意道路两边的情况,若发现有牛、马、狗等横穿公路时,立即减速,必要时停车,以防紧跟追出的人横穿公路而发生交通事故。

(2)在山区、停车视距不良或道路技术状况不良的路段行驶时,大客车驾驶人要严格遵守"减速、鸣号、靠右行""礼让三先""宁停勿绕""宁停三分不抢一秒"安全行车的规定,坚决杜绝强超抢会。山区道路行驶如图3-19所示。

(3)遇到与对向来车有窄路会车的情况时,大客车驾驶人要提前选择会车地段,必要时停车避让,以确保安全。

(4)严格遵守从晚22时至次日早6时,不在三级以下(含三级)山区公路运行的规定。

(5)遇到道路施工堵车时,大客车驾驶人要做好说服乘客耐心等待工作,并服从相关人员指挥,做好安全避让,排队依次行进,不加塞或按喇叭催促等不文明行为。遇堵车依次排队如图3-20所示。

图3-19　山区道路行驶

图3-20　遇堵车依次排队

(九)隧道内行车

客车进入较长的隧道时,因隧道内光线骤然变暗,驾驶人需要有一个暗适应的过程;当车辆在双向行驶的隧道内行驶时,若对向来车未变换成近光灯时,对驾驶人造成眩目;在隧道的出口处,车辆可能会受到强烈横风的影响。

(1)大客车行至隧道前约50m开启前照灯、示宽灯、尾灯,以便认清前车状况以及引起后方车辆的注意。

(2)根据隧道路口的限速标志及时控制好车速,并保持与前车的安全距离。隧道内行驶如图3-21所示。

图3-21　隧道内行驶

(3)在隧道内行驶时,严格遵守大客车靠右行驶的规定;严格遵守隧道内严禁变更车道、超车等规定,不在隧道内鸣喇叭。

(4)驶出隧道前,要通过车速表确认行车速度,到达隧道口时要握稳转向盘,防止隧道口的横向风引起大客车行驶路线的偏离。

(十)雨天行车

雨天行车,能见度低,路面泥泞、湿滑,行人、车辆动态异常。在南方地区,雨季相对较长,下雨比较频繁,雨天行车的几率较大,所以大客车驾驶人要做到以下几点:

(1)雨天行车时,要确保客车的刮水器灵敏,若失效应及时停车修理。

(2)雨天由于较暗,能见度低,道路湿滑,行驶过程中一定要降低车速。要适时开启刮水器,及时清除风窗玻璃上的雨水。根据能见度的大小开启前照灯、防雾灯和尾灯。

(3)雨天行车时,大客车在转弯、加速、制动时很容易发生侧滑,应尽量避免紧急制动。大客车在转弯时,应提前减速,不可急打方向,以免客车侧滑。行驶中若需制动,要迅速挂入低速挡,利用发动机牵阻作用减速,切不可急打方向急制动。

(4)雨天在城市中行驶时,因雨具或雷雨声的影响,雨中行人或骑车人员对交通状况的视听敏感度下降,所以要鸣喇叭使其注意,并保持一定的安全距离;要注意提防其在大客车接近时突然转向或滑倒。在超越时应注意速度不宜太快,以免将积水溅到行人或骑车人身上。

(5)在大雨天行车时,要降低车速,在遇积水较深或凹地时,不可贸然驶入,防止客车熄火、陷入甚至发生失控情况。

(6)暴雨天气因能见度低,容易引发地质灾害,大客车驾驶人要避免出行。行驶过程中遇大暴雨时,要降低车速,开启前照灯、危险报警灯,将车行驶到安全地点停车,待雨小或雨停后再行驶。

(7)当大客车通过泥泞或翻浆路段前,要停车观察,不可贸然前行,一定要在确认安全的情况下方可通行。要选择平整、坚实或有车辙的路段,用低速挡,控制好加速踏板,匀速一次性通过。

(十一)雾天行车

雾天驾驶视线受阻,观察周边的交通情况比较困难,行车方位的辨识也较为困难,在车辆使用远光灯、雾灯时,会使其他驾驶人感到眩目。所以雾天驾驶,应注意以下几点:

(1)行车过程中如遇有雾路段,一定要开启示廓灯、防雾灯,控制好车速,靠右侧道路减速行驶。在能见度不足30m,要选择安全地段停车,不得贸然行驶,以确保乘客和财产安全。

(2)如果大客车在混合道路上行车时,要根据能见度选择不同的车速,并保持与前车间的安全距离。雾车行车保持车距如图3-22所示。

(3)雾天会车时要选择路面宽阔的路段低速行进,应适当鸣喇叭提示,注意车辆间的横向距离。雾天禁止超车。在超越路边停放车辆时,

雾天行车一定要注意保持车距!

图3-22 雾天行车保持车距

要确认其无起步意图且对面确无来车后,鸣喇叭提示,低速驶过。

(4)如遇高速公路因浓雾实行交通管制时,已在调整公路上行驶的客车,要服从管理,找最近的高速出口驶离或在服务区停留,等待浓雾散去。

(十二)冰雪天气行驶

冰雪天气行驶时的特点:冰雪天气行驶时,轮胎与路面的附着力低,车辆急转方向、急加速和急减速操作时容易发生侧滑;路面被积雪覆盖,难以辨识行车道,难以选择行车路线和位置;行车道积雪易融化,在城市道路行驶时,行人和骑自行车人会占用行车道,使车辆在行驶中的变数增大,等等。大客车驾驶人在冰雪天气驾驶时,要注意以下几点:

(1)大客车在冰雪路上行驶时,一定要降低车速,要循前车车辙行驶,在没有车辙作参照时,应参照道路两侧树木或其他路边物体,尽量选择在道路中间行驶。要与前车保持足够的安全行驶距离,谨慎驾驶,确保安全。冰雪天气行驶如图3-23所示。

图3-23 冰雪天气行驶

(2)遇下雪天行车时,一定要开启雾灯、示廓灯和刮水器,把握好转向盘,保持低速缓慢平稳行驶。

(3)客车在结冰路面上行驶时,要装上防滑链,降低车速,尽量直线行驶。要避免紧急制动、急打方向。

(4)在山区冰雪路上行车,发现前车正在爬坡时,应选择适当地点停车,等前车通过后再爬坡。在低等级的冰雪路上遇坡路时,上坡的车辆要主动让下坡车先行。

(十三)夜间行驶

夜间行车因光线严重不足,虽然采取灯光射亮路面及周围,但道路路面及路两边轮廓不清晰,形成视距变短、视野变窄,且长时间在黑暗中驾驶,视野会越来越窄,形成"隧道视野",对正常行车产生极大影响,稍有疏忽就会酿成事故。午夜以后或夜间长时间驾驶时,驾驶人容易产生疲劳。所以,作为大客车驾驶人在夜间驾驶的过程中,要做到以下几点:

(1)夜间行车一定要保持精神集中,适当降低车速,保持安全间距。注意观察道路及周围物体,发现情况要立即减速或停车。夜间行驶如图3-24所示。

(2)夜间行车时,要保持良好的职业心态,不赶不急,不因乘客的催促而使车速过快。

(3)夜间在城市道路上行驶时,采用近光灯,禁止使用远光灯,避免使对方车辆驾驶人或行人眩目而出现危险。要随时注意观察车辆和道路两侧行人,必要时及时采取措施,减速和停

图3-24 夜间行驶

车避让。

（4）夜间行驶在没有路灯或照明不良的地方，须将近光灯改为远光灯。但同方向行驶的后车不准使用远光灯，须变换远近光灯。

（5）夜间行车时，按要求正确使用远近光灯。除非道路照明不良，否则不得使用远光灯。

（6）夜间跟车，要与前车保持必要的安全距离，使用近光灯。会车时，要在150m以外由远光改为近光，若对方使用远光灯的情况下，可采取交替变换远近光灯，提醒对方，不可采取以远光制服远光的方式。

（7）夜间超车时，在打开左转向灯的同时，交替变换远近光灯，提醒前车。在接近被超越的前车时，不得使用远光灯，以防前车驾驶人眩目。

（8）夜间行车，严格遵守夜间驾驶不得超过2小时，必须停车休息20分钟以上，24小时内实际驾车时间不超8小时的规定。晚上车速降低20%。严格执行凌晨2时至5时停车休息的规定。

（十四）倒车和停车

（1）大客车驾驶人在驾驶客车倒车前，一定要观察车后的情况，根据客车车身的尺寸，估计好倒车的行进路线，要考虑到车头是否会碰到障碍物。倒车过程中不要加油，一定要控制好车速。倒车过程中要随时观察周围的车辆和行人，必要时立即停止倒车，注意避让。倒车时注意观察如图3-25所示。

（2）大客车驾驶人在夜间倒车时，应尽量选择照明良好，周围空间宽敞、平坦的地方，而且倒车距离不宜太长，最好是避免或减少在夜间倒车。

图3-25　倒车时注意观察

（3）大客车驾驶人应将车辆驶入规定站点下客，不得在站外下客。在进站时，应依次进入，严格遵守车站的管理规定，服从车站管理人员的指挥。

（4）大客车驾驶人在停车时，既要按所规定的方向停放客车，又要考虑乘客的上下车的方便，切忌将车门靠近有坑、河边或狭小通道内。

（5）大客车在服务区停车休息时，因车辆流动大，要提示乘客注意安全，并告知乘客记住车牌号，避免上错车。

（6）大客车驾驶人确需在靠路边临时停车时，一定要选择在允许的地段停车，严禁违章停车。停车时要既方便乘客上下，又不妨碍交通，保证安全。要提醒乘客下车时注意来往车辆，带好随身物品。

（7）大客车停稳后，方可打开车门下客，并叮嘱旅客拿好行李，依次下车。禁止在客车移动时打开车门。

(十五)收车离岗

收车离岗是大客车驾驶人每天做的最后工作,为确保当天工作的顺利完成和第二天工作的有序进行,离岗前,要逐一做好以下工作:

(1)要将车辆停放在公司指定的安全地点,应尽量避免停在坡道上、人员进出通道及消防通道上,还应避免靠近电线或管道的地方。

(2)要检查灯光是否全部关闭,门窗是否全面关严;检查轮胎的状况,气压是否正常。关闭车辆电源,拉紧手刹,置于低速挡或停车挡。

(3)停车后,要做到检查车内有否乘客遗留下的东西。如有,则做好记录,尽可能弄清是哪位乘客留下的,尽快归还失主。

(4)收车后,检查燃油、冷却液、雨刷水等是否充足,不足则及时添加,为第二天正常出车作好准备。

(5)严格按规定做好车辆收车后的例行保养和清洁工作,确保车辆技术状况完好和清洁卫生。要注意对车内的安全设施、设备进行检查,整理随车的工具和附件。发现车辆有故障时,应及时报修。若卫星定位监控系统和视频监控不能正常使用时,要及时联系维修或更换。

(6)冬季收车后,要做好车辆的防冻措施。

(7)大客车驾驶人要对每个客运班次行车任务的完成情况进行总结,认真填写车辆行驶日志和记录,如实反映行车途中的安全问题,以及道路、环境等相关信息,必要时报告公司生产、安全等职能部门。承担旅游包车的大客车驾驶人还要将旅游包车运输合同、行程单等相关手续交与公司经营部门。

(8)次日担任驾驶任务的客车驾驶人,当晚必须保证有充足的休息时间,严禁发生饮酒、熬夜、打麻将等影响其休息的不良行为。驾驶人必须在当晚23时以前就寝,以保证次日有旺盛的精力,防止因疲劳驾驶引发交通安全事故。

三、杜绝违反职业道德规范的行为

大客车驾驶人在驾驶过程中,必须遵守道路交通安全法律法规,遵守职业道德行为规范。在驾驶过程中,要自觉杜绝违反职业道德甚至违法行为。以下所列举的违反职业道德规范的行为,是驾驶人在驾驶车辆过程中常常出现的,大客车驾驶人要引以为戒。

(一)肇事逃逸

肇事逃逸是指发生交通事故后,为逃避责任,不向公安机关报案,也不采取措施抢救伤者和公私财产而逃离现场的交通事故行为人,以及发生事故后弃车逃逸的行为人,处罚的力度要根据行为人的情节严重而裁决。

交通事故谁都不希望发生,但若发生,就必须面对。驾驶人发生交通事故一般是一种过失行为,发生交通事故后,驾驶人必须立即停车,保护现场,抢救伤者和财产,迅速报告公安机关或者执勤的交通警察,听候处理。根据受伤者伤情及时拨打120,争取抢救时间。这是驾驶人的法定义务,但有极少数驾驶人在发生交通事故,特别是在夜间或人烟稀少的地方撞伤人、撞死人时,不是立即停车积极抢救伤者,保护现场,及时报案,而是置伤亡者于不顾,抱着侥幸心理,驾车逃离或弃车逃跑,甚至将伤者带离事故现场隐藏和抛弃,致使受伤者伤势加重,或因延误抢救时机而死亡。这种行为是一种极不道德的行为,后果严重的是一种犯罪行为,将会受到法律的严惩。肇事逃逸终身禁驾如图3-26所示。

图3-26　肇事逃逸终身禁驾

案例链接

肇事逃逸要追责

根据《中华人民共和国道路交通安全法》第一百零一条规定,违反道路交通安全法律、法规的规定,发生重大交通事故,构成犯罪的,依法追究刑事责任,并由公安机关交通管理部门吊销机动车驾驶证。造成交通事故后逃逸的,由公安机关交通管理部门吊销机动车驾驶证,且终身不得重新取得机动车驾驶证。

《刑法》第一百三十三条规定:违反交通运输管理法规,因而发生重大事故,致人重伤、死亡或者使公私财产遭受重大损失的,处三年以下有期徒刑或者拘役;交通运输肇事后逃逸或者有其他特别恶劣情节的,处三年以上七年以下有期徒刑;因逃逸致人死亡的,处七年以上有期徒刑。

(二)开故障车

故障车通常称为"带病车",泛指车辆技术状况不良的车辆,即车辆技术状况达不到国家《机动车运行安全技术条件》的要求。机动车辆技术状况不良,特别是转向、制动、灯光、喇叭、刮水器等安全部件不符合要求,将严重影响行车安全。

将乘客安全地送达目的地是大客车驾驶人应尽的责任,但有些驾驶人缺乏安全责任感,出车前、行车中、收车后不对客车进行认真的检查,对所驾驶车辆的技术状况心中无数。平时不注意对客车的检查、维护和保养,在出车时,明知方向、制动等安全装置有故障而不及时修理,抱着不会出事的侥幸心理,开着这样的病车上路是非常危险的,将对自己、对其他车辆或行人的安全造成严重的威胁甚至会酿成车毁人亡的惨剧,所以,大客车驾驶人一定要牢记自己肩负的重任,客运过程中一定不要开故障车(图3-27)。

(三)酒后驾车

酒后驾车是指机动车驾驶人饮酒后或醉酒后,在酒精作用期间驾驶机动车的违法行为。酒后驾车是导致道路交通事故的主要原因之一,由此引发的交通事故较多且性质恶劣。

图3-27　开故障车

酒后驾车的危害主要在于驾驶人的中枢神经系统在酒精的作用下受到抑制,使其对道路瞬息万变的交通情况反应迟缓。通常情况下,驾驶人从视觉感知前方危险情况到踩下制动踏板的反应时间为0.75秒,但饮酒后的反应时间要增加2~3倍,这样本应及时发现和处理的危险情况也成为不可能,因而导致事故的发生。有的驾驶人饮酒后异常兴奋、冲动,驾车时常表现为超速行驶、争道抢行,过高估计自己的判断和处理情况的能力而引发的交通事故。

酒后不准驾驶车辆,这是每个驾驶人都知道的,可是有些驾驶人就是喜欢明知故犯。在心理上,有的驾驶人借酒壮胆,酒后开快车、开冒险车,左超右钻,横冲直撞;有的驾驶人酒后极易发怒,一不顺心就产生报复心理,你不让,我也不让,甚至故意挤逼其他车辆和行人。从生理方面,酒后驾车有以下方面的危害:一是饮酒后,因酒精麻醉作用,人的手、脚触觉较平时降低,往往无法正常控制加速踏板、制动踏板及转向盘;二是饮酒后,人对光、声刺激的反应时间延长,无法正确判断距离和速度;三是饮酒后,会使视力暂时受损,视像不稳,辨色力下降,不能发现和正确领会交通信号、标志和标线,同时视野会大大减小,视像模糊,眼睛只会盯着前方目标,而对于处于视野边缘的危险隐患难以发现;四是饮酒后易产生疲倦,疲劳驾驶难免事故会发生。

知识延伸

酒后驾车与醉酒驾车的区别

我国标准《车辆驾驶人员中血液、呼气酒精含量阈值与检验》(GB 19522—2010)中对酒后驾车和醉酒驾车规定,饮酒驾车:车辆驾驶人血液中酒精含量大于或者等于20mg/100mL,属于酒后驾车;当驾驶人血液中酒精含量大于或者等于80mg/100mL,属于醉酒驾驶。对驾驶人酒精含量测试如图3-28所示。

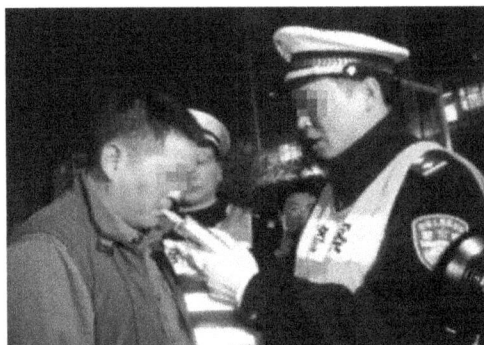

图3-28 对驾驶人酒精含量测试

案例链接

酒后驾车的法律责任

《中华人民共和国道路交通安全》第九十一条规定:饮酒后驾驶机动车的,处暂扣6个月机动车驾驶证,并处1000元以上2000元以下罚款。因饮酒后驾驶机动车被处罚,再次饮酒后驾驶机动车的,处 10 日以下拘留,并处 1000 元以上 2000 元以下罚款,吊销机动车驾驶证。

醉酒后驾驶机动车的,由公安机关交管部门约束至酒醒,吊销机动车驾驶证,依法追究刑事责任;5 年不得重新取得机动车驾驶证。饮酒后驾驶营运机动车的,处 15 日拘留,并处 5000 元罚款,吊销机动车驾驶证,5 年内不得重新取得机动车驾驶证。醉酒驾驶营运机动车的,由公安机关交管部门约束至酒醒,吊销机动车驾驶证,依法追究刑事责任。10 年内不得重新取得机动车驾驶证,重新取得驾驶证后,不得驾驶营运机动车。饮酒后或者醉酒后驾驶机动车发生重大交通事故,构成犯罪的,依法追究刑事责任,并由公安机关交管部门吊销机动车驾驶证,终生不得重新取得机动车驾驶证。

所以,每一位机动车驾驶人特别是大客车驾驶人要牢记:为了他人和自己的安全及家庭的幸福,喝酒不开车,开车不喝酒。杜绝酒后驾驶标识如图 3-29 所示。

图 3-29 杜绝酒后驾车标识

(四)疲劳驾驶

所谓疲劳驾驶,是指驾驶人在行车中,由于驾驶作业使生理上或心理上发生某种变化,而在客观上出现驾驶机能低落的现象。一般指机动车辆驾驶人员每天驾车超过 8 小时,或者从事其他劳动体力消耗过大或睡眠不足,以致行车中困倦瞌睡、四肢无力,不能及时发现和准确处理路面交通情况的违章行为。因疲劳驾驶是导致道路交通事故的主要原因之一,也是大客车驾驶人必须正确认识和面对的现实问题。

疲劳驾驶必须具备三个要素:必须是驾驶机动车的人员;必须在规定道路上行驶时;每天驾车超过 8 小时,或者由于其他原因体力消耗过大或者睡眠不足,行车中困倦瞌睡、四肢无力,不能及时发现和准确处理路面交通情况时仍继续驾驶车辆的行为。当同时具备以上三个要素,就构成疲劳驾驶。驾驶疲劳会影响到驾驶人的注意、感觉、知觉、思维、判断、意志、决定和运动等诸方面。

疲劳后继续驾驶车辆,会感到困倦瞌睡,四肢无力,注意力不集中,判断能力下降,甚至出现精神恍惚或瞬间记忆消失,出现动作迟误或过早,操作停顿或修正时间不当等不安全因素,极易发生道路交通事故。疲劳驾驶是道路交通事故的第二大诱因,也是大客车驾驶人必须正确认识和面对的现实问题。

图 3-30 连续驾驶产生疲劳

1.疲劳驾驶造成事故的原因分析

疲劳驾驶可分为急性疲劳和慢性疲劳。急性疲劳是由于驾驶人长时间连续驾驶车辆而发生的暂时性疲劳,慢性疲劳是由于驾驶人连日劳累,睡眠、休息不足而发生的疲劳积累。疲劳驾驶主要有以下危害:

(1)感知机能弱化。驾驶人一般经过 2 ~ 4 个小时连续驾驶机动车后,他的中枢神经就会产生疲劳(图 3-30),开始出现视觉、听觉、触觉迟钝,敏感性减弱。其辨认和识别交通标志的能力大幅度下降,甚至还会引起错觉,极易发生追尾、碰撞灯事故。

(2)驾驶动作失调。长时间驾驶机动车,使驾驶人的调节机能降低,致使操作动作节律失调,动作的自动化程度降低,准确性下降,有时发生反常反应。表现在遇到紧急情况时,把加速踏板当制动踏板使用等,严重威胁到行车安全。

(3)注意力、记忆力下降。随着疲劳的产生,驾驶人的思维能力明显降低,注意力涣散,注意范围缩小,注意力的分配和转移发生困难,有时忘记操作规程,并经常丢失重要的交通信息,甚至走错路线。

(4)判断和驾驶错误增多。产生疲劳以后,驾驶人的判断和驾驶失误都远比平时增多。主要表现为对道路的通畅情况、潜在事故的可能性及处理方法考虑不周等。驾驶错误多表现为掌握转向盘、制动踏板、换挡不当等行为。严重疲劳者甚至发生手臂发抖、肌肉痉挛、动作失调,驾驶人甚至进入睡眠状态,发生事故就在所难免。

2. 引起疲劳驾驶的因素

引起疲劳驾驶的情况是多种多样的,有的驾驶人为了多赚钱,不分昼夜,连续驾车,身体长时间得不到休息;有的驾驶人玩心重,搓麻将、打扑克、进舞厅、唱卡拉 OK,不到天亮不罢休;有的驾驶人因单位或者家庭矛盾,得不到很好休息,睡眠不足,精神恍惚等,在这种情况下驾车,精神不振,头脑发昏,甚至边开车边打瞌睡,危及他人和自身的安全。

3 疲劳驾驶造成交通事故的典型案例

(1)广东韶关"8·26"特大车祸(图 3-31)。2006 年 8 月 26 日凌晨,在京珠高速公路韶关乳源段一满载铁矿石的湘 L90715 大货车因车辆发生故障,在路边停车维修,但没有及时在车尾处设置警示标志;随后的大客车驾驶人因长时间疲劳驾驶处于精神恍惚状态,误以为大货车是处于缓慢行驶状态,于是加大加速踏板想超过大货车继续行驶,没想到大客车此时的车速较快,未能敏捷地"越位",发生碰撞导致大客车半边车身都被铲掉。8·26 特大车祸共造成 50 余人死伤,其中丧生的 17 人中竟有 3 名是拿着大学录取通知书去报到的准大学生,在人生即将展开灿烂篇章的时刻殒命黄泉,可悲可叹!

(2)内蒙古"8·26"特大车祸(图 3-32)。2012 年 8 月 26 日 2 时 31 分许,内蒙古包头市驾驶人陈强驾驶蒙 AK1475 号宇通牌卧铺大客车,沿包茂高速公路由北向南行驶至 484km + 95m 处,与河南省焦作市孟州市驾驶人闪文全驾驶豫 HD6962 号解放牌重型罐式半挂汽车列车发生追尾碰撞,致罐式半挂车内甲醇泄漏并起火,造成大客车内 36 人当场死亡,3 人受伤。究其原因是疲劳驾驶所致。根据车载 GPS 卫星定位装置记录,此次事故中,陈强连续驾驶时间达 4 小时 22 分,中途未停车休息,当驾驶人长时间驾驶大客车,容易出现驾驶疲劳,加之此时已是凌晨,驾驶时精力不集中,反应和判断能力下降,未及时发现前方汽车列车从匝道违法驶入高速公路,且在高速公路上违法低速行驶的险情,未能采取安全、有效的避让措施,导致事故发生。

(3)宁夏"8·26"特大车祸。2014 年 8 月 26 日,宁夏固原市驾驶人马某驾驶新疆四平商贸有限公司新 A99290 宇通牌大客车乘载 61 人(含 11 名儿童),因极度疲劳且超速行驶,在前方无障碍物情况下向左猛打方向冲入对向车道,与对向重型仓栅式半挂车相撞,造成 15 人死亡、35 人受伤。经调查,马某事发前 10 天内连续驾车往返宁夏新疆两地未休息,单趟行程 2300km,事发时已极度疲劳,连下身线裤掉落膝盖都无知觉。

图 3-31 广东韶关"8·26"特大车祸

图 3-32 内蒙古"8·26"车祸现场

以上所列举的三起案例,均为发生在不同年的"8·26"特大车祸,都是因疲劳驾驶而造成的。因疲劳驾驶造成的交通事故及危害数不胜数,作为大客车驾驶人,对疲劳驾驶一定不能掉以轻心。

4. 如何预防疲劳驾驶

为有效避免疲劳驾驶情况发生,除遵守相关法律法规和相关制度外,主要取决于驾驶人的自觉性,为预防和减少道路交通事故,作为大客车驾驶人,要注意以下几个方面:

(1)做到早睡早起,保证足够的睡眠时间,只有精力充沛才能从根本上杜绝疲劳现象的发生。

(2)开车前慎用感冒药、晕车药、抗过敏药、镇咳止痛药和降糖降压药等药物。

(3)行车过程中尽量打开车窗,保持空气流通,保证大脑的正常供氧量。尽量做到不吸烟。

(4)科学合理安排行车时间,注意行车途中的休息;严格遵循在 24 小时之内,累计驾驶时间不超过 8 小时;连续驾驶时间不得超过 4 小时,停车休息 20 分钟以上。

案例链接

法 规 学 习

《中华人民共和国道路交通安全法实施条例》明确规定,连续驾驶机动车不得超过 4 小时,停车休息且时间不得少于 20 分钟。2012 年颁布的《国务院关于加强道路交通安全工作的意见》(国发〔2012〕30 号)明确要求驾驶人 24 小时累计驾驶时间不超过 8 小时,日间连续驾驶不超过 4 小时,夜间连续驾驶不超过 2 小时,每次停车休息时间不少于 20 分钟。

(五)超员行驶

1. 超员的概念

简单地说,当客车在营运过程中实际载客数超过核定人数即为超员。

2. 超员的危害

由于客车超员载客,必然有部分乘客只能站立或挤在车厢内,如图 3-33 所示。在车辆行进过程中,如急转弯、制动,很容易造成乘客在车厢内磕碰,发生"客伤"事故,特别是对一

些根本没有任何防护能力和自救能力的孩子,超员行驶一旦出现意外,后果将不堪设想,即

图3-33　客车超员

便是一个急刹车,都有可能对孩子造成伤害。由于客车超员载客,导致车辆超出其载质量,会增加驾驶人在行车过程中的不稳定性,车辆在超员状态下,载质量增大,车辆惯性加大、制动距离加长,危险性也相应增大。如果严重超员,则极易因轮胎负荷过重、变形过大引发爆胎、突然偏驶、制动失灵、转向失控等,导致交通事故的发生。

3. 超员的原因

客车驾驶人受经济利益的驱使,忽视法律法规,为了多拉乘客多赚钱,法律意识和安全意识淡薄,存在侥幸心理;一些乘客的安全意识淡薄,明知客车超员还继续往车上挤,加之交警部门警力有限,导致客车超员情况时有发生,有的超员一倍甚至更多。客车超员给安全行车带来严重隐患,特别是发生交通事故、车辆自燃等意外情况时,给乘客逃生、抢救伤员带来极大困难。所以,为了你和他人的安全,大客车驾驶人请不要超员行驶。

案例链接

法 规 学 习

《中华人民共和国道路交通安全法》第九十二条第一款:公路客运车辆超过额定载乘员的,处二百元以上五百元以下罚款;超过额定乘员百分之二十或者违反规定载货的,处五百元以上两千元以下罚款。同时,第三款规定,有前款行为的,由公安机关交通管理部门扣留机动车至违法状态消除。

(六)高速公路长时间占用超车道

顾名思义,超车道是供车辆超车使用的,有些大客车驾驶人依仗大客车动力大,在高速公路上行驶时只顾自己方便,长时间在超车道上行驶,如图3-34所示。使后面的来车无所适从,无法超车,影响了其他车辆的行驶,这是不道德的行为。

长时间占用超车道,还会带来以下安全隐患:一是长时间在超车道上,左边就是护栏,如果

图3-34　长期占用超车道

驾驶中稍有恍惚(如疲劳驾驶等),就容易撞到护栏上去;二是长时间在超车道上行驶,如果前车出现特殊情况,由于速度过快,极有可能因躲避不及而造成与前车追尾,如果在行车道上出现这种情况,左右都还可以避闪;三是长时间在超车道上,如果对向车辆一旦失控,有可能冲过护栏而造成危害的同时,使自己车辆反应的时间和空间也很少而被撞。

为了确保安全,大客车驾驶人在不超车的情况下,应在右侧行车道上行驶。即使超车,在确认与被超车保持一定的安全距离后也应驶回到原车道上行驶,而不能长时间占用超车道。

(七)占用高速应急车道

高速公路的最右边车道为应急车道,为了救险或应对一些突发情况而用的,所以应急车道也被称为生命通道。只有抢险救援等紧急任务的警车、消防车或者其他从事高速公路管理的车辆和设备才能行驶应急车道,其他车辆禁止在此车道上行驶。

如果驾驶机动车随意占用应急车道,轻者在道路拥堵时妨碍交警的疏导,使交通拥堵时间延长,重者在发生交通事故时会延缓救援而致人死亡,影响高速公路应急处置和抢险救援,如图3-35所示。车辆占用应急车道,极易引发交通事故,这种事例不在少数。

根据《中华人民共和国道路安全法》规定,如果有在高速路或者城市快速路上违法占用应急车道行驶的,处罚驾驶人200元的违章罚款,驾驶证一次性扣6分。

图3-35　机动车占用应急车道

(八)夜间行车会车不关闭远光灯

夜间行车交会时,须在距对面来车150m以外互闭远光灯,改用近光灯,使交会双方都能看清前方道路情况,安全交会。但有相当数量的驾驶人在夜间会车时不关闭远光灯,比谁的灯亮,形成较劲的势态。由于前照灯位置的关系,在这种情况下往往吃亏的是小车而不是大客车。如果大客车驾驶人主动关闭远光灯,造成的影响要小一些;反之,如果不关闭远光灯,则易产生交通事故。

会车不关闭远光灯的危害性分析:如果夜间会车时开远光灯,会使对方驾驶人因眩目而看不清前方道路情况,难以判断交会双方车辆所处的位置,容易引起交会撞车或碰撞到路边的非机动车、行人及物体。如果遇前方来车开远光灯,就马上制动,则危险性会小一些,但如果驾驶人产生晕眩感,暂时失去前方判断力,若反应不及时,则会发生安全事故。

所以,从安全角度考虑,每位大客车驾驶人要不断提升道德意识,树立与人方便就是与己方便的思想,在会车时要为对方驾驶人着想,按规定使用近光灯,那么,因灯光刺眼而发生交通事故就不会那么容易发生了。

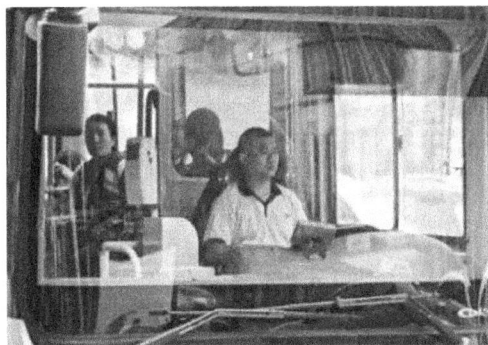

图3-36　客车驾驶人开车未系安全带

(九)开车不系安全带

1.不系安全带种种现象

在路上,常常看到一些驾驶人开车时不系安全带(图3-36),在轿车、微型车、大货车及大客车驾驶人中不系安全带的大有人在,尤其在乡村道路上,这种现象更为明显。

有的人为了不使车上的"未系安全带"警示报警,宁可买一个插销插上。在被问及这些人员为何不系安全带,驾驶人的回答往往是系了太麻烦、不舒服,而系安全带对安全有保障的认识严重不足,有的驾驶人即使系了安全带,也只是为了规避交警的检查,过了检查点又不系安全带了。

2. 安全带的作用

汽车安全带的作用在于,一旦车辆发生碰撞或使用紧急制动,预紧装置就会瞬间收束,绷紧佩带时松弛的安全带,将乘员牢牢地拴在座椅上,防止或减轻驾乘人员受伤的程度。一旦安全带的收束力度超过一定限度,限力装置就会适当放松安全带,保持胸部受力稳定。

汽车安全带是一种有效的安全防护装置,被誉为"生命带",可以防止人在交通事故中受伤或在发生事故时减轻受伤程度。驾乘人员系好安全带,在事故中存活的机会是不系安全带的 2 倍,还可以将受伤的机会降低 50%。据国外数据统计,驾驶人未系安全带的事故死亡率约为系安全带的 37.7 倍;前排同乘者未系安全带的事故死亡率约为系安全带的 10.6 倍;后排同乘者未系安全带的事故死亡率约为系安全带的 3.1 倍。未使用儿童安全座椅的死亡率和重伤率约为使用儿童安全座椅的 2.5 倍。汽车安全带不仅在发生交通事故时能有效地减少人员伤亡,而且能确保正确的驾驶姿势和减轻驾驶人疲劳。

所以,不但驾驶人行车时要系安全带,而且乘客在乘车时也要系安全带。大客车驾驶人,要养成自觉系安全带习惯的同时,告知乘客在客车行驶的全过程中系好安全带。

知识延伸

如何系安全带

(1)乘客所系的安全带一般为腰部安全带,应当系在紧贴在髋骨的下部,与股骨部位正好接触上。在碰撞时,碰撞力作用在盆腔的骨骼上,避免安全带勒紧腹部导致严重伤害。为了使腰部安全带系紧,在搭扣端向下拉腰部安全带的同时向上拉肩部安全带。

(2)驾驶人或前排乘客所系的肩部安全带要系在肩部,跨过胸腔,这样才能够很好地承受安全带的束缚力。

(3)出车前,客车驾驶人要告知乘客系好安全带,对不系安全带的乘客要督促其按要求系好安全带。

(4)驾驶人要养成在驾车的整个过程中都系安全带的习惯。

(十)开车时接打手机

开车时接打手机,这是驾驶人驾驶过程中比较普遍存在的现象,轻则为不良行为习惯(行为规范)问题,严重者则为危及车辆及乘客的安全问题。开车时接打手机产生的危害是大的,主要反映在以下几个方面:

1. 分散注意力,使人应变能力减弱

开车打电话最主要的危险因素,是打电话时容易让驾驶人开车分心,进而影响驾驶时的反应能力。据有关资料介绍,在正常驾驶时,人遇到紧急情况的应激感知制动时间是 0.57 秒,而驾驶人边开车边接打手机时,遇到紧急情况的应激感知制动时间是 2.12 秒,后者比前者高大约 3 倍,这足以证明使用手机使驾驶人的反应能力严重下降。

2.开车接打手机造成单手把握转向盘

开车打手机,在遇紧急情况时无法及时正确处理到位。开车时接打手机,通常是一只手握转向盘,而另一只手拿手机(图3-37),在突发情况出现时,单手不能有效地控制好方向,且手脚并用的协调性变差,出交通事故的概率将大大增加。所以,作为一名大客车驾驶人,在整个驾驶车辆的过程中,要自觉遵守开车时不接打手机的规定,如果需要电话联系的情况,驾驶人也应该将车辆停放在妥当的位置后再打电话。开车时不使用手机,这既是对自己负责,更是对他人的安全及财产负责,是良好道德规范的表现。

我国的交通法规中明确规定了"驾驶车辆时有接、打电话的行为一次罚100元并扣2分"。

图3-37　大客车驾驶人开车时接打手机

案例链接

开车打电话　昆明高清电子眼5天抓拍5千多起

为进一步加强昆明市区道路交通安全秩序的管理,交管部门从2016年10月1日起推出了新举措,采用高清电子监控设备和公交车行车记录仪对市区道路上机动车驾驶人"未按规定使用安全带""拨打接听手持电话""占用公交车专用车道行驶""占用公交车停靠站违法停车"四项交通违法行为进行非现场处罚。

经统计,10月1日至10月5日期间,共抓拍交通违法36268起,其中未系安全带30284起,接打手持电话5984起。由于10月1日至10月31日为宣传教育期,交管部门通过手机短信的方式对车主或车辆管理人员进行了通知,不作出处罚。从11月1日起,将严格按照相关法律法规对几类违法行为进行严处。(本文来源:云南信息报。记者:冯蔚)

(十一)开车时玩手机

这里所说的开车时玩手机,是指开车时看信息、看视频、发信息等行为。这些行为在机动车驾驶人中占有相当的比例,在大客车驾驶人中也屡见不鲜,为什么会这样？是因为这种行为不容易被交警监控到。

开车时看手机,某种程度上造成的危害比接打电话还要严重,它不仅是单手握转向盘,并且眼睛的视线、驾驶人的注意力也都移到手机上,导致交通事故的风险相当高。例如,当车速达到60km/h时,低头看手机3秒,就相当于盲开50m,一旦遇紧急情况,至少需要20m的制动距离。如果是在高速路上行驶,一旦道路上有突发情况,则看手机产生的后果不堪设想。大客车驾驶人在驾驶过程中不时看手机发生重特大交通事故的情况不在少数(图3-38)。因此,为了驾乘人员的生命财产安全,请开车时一定不要看手机。

案例链接

高速路上两车失控腾空"飞起",只因驾驶人看了一眼手机

开车看手机,危险不言而喻。然而,很多驾驶人仍心存侥幸,最终酿成惨剧——2017年

3月6日上午8点左右,浙江杭徽高速公路杭州方向有两辆小轿车发生碰撞,随后腾空飞起四脚朝天。而起因就是小车驾驶人看了一眼手机。通过监控视频可以看到,当时一辆小轿车正常行驶在高速路的第二车道,随后突然撞向中央护栏,并在两次碰撞中央护栏后撞向右侧的另一辆轿车,导致两辆车冲上边坡侧翻(图3-39)。据肇事驾驶人杨先生介绍,事发时,他的手机响了,他扭头过去看是谁打来的电话,这一看车就跑偏了。所幸两辆车的驾驶人都系了安全带,肇事驾驶人只受了轻伤,另一名驾驶人也没有受伤。根据《道路交通安全法实施条例》第62条规定,肇事驾驶人杨先生将面临200元罚款,扣2分的处罚,同时赔偿损坏护栏费1500元。而对方被撞车辆的预估维修费用将达到15万左右。(来源:央视新闻公众号)

a)大客车驾驶人开车玩手机   b)江苏客车驾驶人开车时7分钟看手机39次

图3-38 开车时看手机

图3-39 高速看手机酿成事故

案例链接

驾车玩手机,生命岂可儿戏

交警介绍,驾驶人开车玩手机时单手把握方向,对驾驶车辆形成较大妨碍,对车速控制、车距把握、驾驶人视线都有影响;开车时使用手机,大脑的反应速度比酒后驾车时慢30%;开车玩手机发生车祸的风险比正常驾驶时高4倍以上;开车玩手机导致驾驶人注意力下降20%,如果通话内容重要,注意力甚至下降37%;另外,拨打手机的驾驶人行车速度比正常状态慢9%,刹车的反应速度要慢19%;开车时玩手机会使驾驶人的视野变得狭窄,降低外围视觉的感知能力。

特别提醒，无论是开车还是行走，在路上请将手机放一边。（来源：央视新闻公众号）

（十二）强行超车、会车

机动车驾驶人在行车过程中超车、会车是经常性的事，但一定要严格遵守交通法规对超车、会车的规定，确保安全。但是有的大客车驾驶人没有养成良好的道德规范，不管道路条件如何，凭着大客车动力性好、视线好，见车就超，对向来车照样超，前方不让强行超，弯道上冒险超。会车时该让的不让，该慢的不慢，该靠边的不靠边。这些行为不但影响自己的安全，也严重威胁着其他车辆的安全。因强超抢会引发了许许多多的交通事故，后果都十分严重，这反映出一些驾驶人的道德素养不高。作为大客车驾驶人要时刻牢记车上是一个个鲜活的生命，做到文明驾驶、安全出行，切不可冒险行车、强超抢会。

（十三）穿高跟鞋、拖鞋开车

1. 穿高跟鞋开车的危害

很多女性喜欢穿高跟鞋，这样可以衬托出女性独有的美感。但在开车时，高跟鞋会带来许多麻烦，如果鞋跟过高，会严重影响踩制动踏板或离合器的力度和角度，紧急情况下很容易出现意外。

相对而言，女性的腿部力量稍弱，如果再穿不合适的鞋，紧急时刻很难准确掌控车辆。穿高跟鞋会把脚后跟的支点抬高，致使脚后跟不能很好地着地，脚掌无法用力，在需要紧急制动时极

图 3-40　穿高跟鞋开车

易操作失误，很容易在突然用力时从踏板上"滑脚"，从而造成交通事故。而且穿高跟鞋时的脚底面与踏板之间只是点接触，不是面接触，驾驶人很难感觉踏板的回弹力，不好精确地感知踏板的位置，也不能精准地控制加速和制动的操作，所以危险性增加。穿高跟鞋开车示例如图 3-40 所示。

2. 穿拖鞋开车的危害

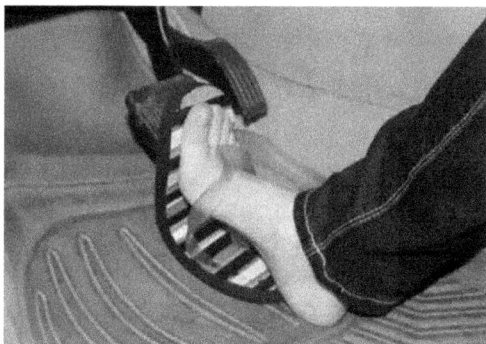

图 3-41　穿拖鞋开车的危害

拖鞋是开车时完全禁止穿的鞋型，穿拖鞋最大的问题，就是鞋与脚固定不牢固，不论是穿硬材质的凉拖和软材质的人字拖，开车都很危险。拖鞋鞋底摩擦系数比一般的鞋要低，驾驶人在加速踏板、离合器配合、制动踏板的转换上感觉下降。硬材质的拖鞋虽然也能用力，但是在紧急情况下脚会从拖鞋里滑落导致踩不实；如果是很软的人字拖，在踩踏板的时候发生变形会更加危险（图 3-41）。

夏天尽管穿拖鞋既舒服又方便，穿拖鞋开车

图 3-42 开车换上平底鞋

脚是放松了,可安全就难以保证。所以,机动车驾驶人特别是大客车驾驶人,要始终把安全放在第一位,不能因为小小的疏忽而酿成大错。再说,穿拖鞋是不雅的事,大客车驾驶人应该既要讲技术,也要讲形象。

在此提醒习惯穿高跟鞋或拖鞋的驾驶人,最好在车上准备一双平底鞋,开车前换上,以保证行车安全。开车换上平底鞋示例如图 3-42 所示。

（十四）开英雄车、开斗气车

开英雄车、开斗气车是一些驾驶人常犯的毛病,有的驾驶人自认为驾龄长、车技好,开车时喜欢逞强,在新手或者熟人面前都想展示一番,往往会出现开快车甚至飙车的情况;有的老驾驶人欺负新手,强超抢会、加塞、别车;有的驾驶人因前面的车辆行驶缓慢时,便鸣笛闪灯催促,找到缝隙就左冲右插,或者在挡过自己的车前面以更慢的速度进行报复;有的驾驶人因他人野蛮超车而心里不服气,便猛踩加速踏板,要与超车驾驶人一比高下,直到决出胜负(图 3-43);有的驾驶人心情不好就以疯狂飙车来发泄。这些行为既不道德,也非常危险。

图 3-43 开斗气车

但作为高素质的客车驾驶人,在开车的时候,应该自觉遵守交通法规,谨慎驾驶。要有一颗宽容之心,千万不要用他人的错误来惩罚自己,也不能因出车前的情绪影响正常驾驶。

案例链接

珍爱生命,不做"路怒"——成都女驾驶人被打事件

2015 年 5 月 3 日,成都三环路娇子立交桥附近发生一起打人事件,女驾驶人卢某因快速切换三条车道,别了男驾驶人张某,最后男驾驶人张某将女驾驶人卢某逼停后拖出车外暴打。通过男驾驶人张某的行车记录仪显示,打人事件发生前,被别男驾驶人张某也别了女驾驶人卢某,于是卢某又多次别了张某,最终张某上演"路怒族",将卢某的车逼停,并实施暴力行为。最终,打人者张某被刑拘,卢某也因多次开斗气的不文明行为遭到社会舆论的普遍谴责。

如果在路上遇到车辆连续多次别你的车,你会如何处理?成都商报记者就此事调查 60 位驾驶人,其中超过半数的驾驶人表示,遇到类似情况,应通过理性、文明的方式来解决,应保持平和心态,尽量冷静,不与对方斗气。

开英雄车、开斗气车要不得,最后伤及的还是自己,作为大客车驾驶人,更应加强自身修养,驾驶过程中要保持良好心态,不争道,不强超抢会,多一些宽容,多一些谦让,安全驾驶,文明行车。

讨论:看了以上内容,我们应该如何避免"路怒"?

_____

_____

_____

(十五)超速行驶

超速现象在我国不同等级的道路上经常发生。凡是在该路段的实际行驶速度超过所规定的时速,都属于超速行驶。超速既是违法行为,同时道德上也是不允许的。由于不同路段的道路状况不同,所规定的速度也不一样,例如我国高速公路的汽车行驶速度最快不超过120km/h。大客车超速行驶有以下的危害:

(1)超速行驶增加了大客车的制动距离。无论是在何种路段上行驶,只要是超速行驶,无形中就增加了该路段的制动距离。

(2)超速行驶使驾驶人的视野变窄、反应时间延长,道路上若出现突发情况,增加了处理的难度和危险度。

(3)超速使大客车行驶时的操纵稳定性下降,尤其在湿滑或结冰路面行驶时,出现车辆的侧滑。

(4)如果大客车在转弯时超速,则会因离心力的增大,容易出现侧翻事故。

(5)如果长时间在高速路上超速行驶,轮胎等安全部件易出现异常情况,导致爆胎等危险概率大大增加。

大客车超速,也增加了乘客的恐惧心理,会损坏驾驶人及运输企业在乘客中的形象。俗话说"十次肇事九次快",希望大客车驾驶人把安全驾驶牢记在心上,自觉遵守限速规定,不要因为想提前十几分钟或者几十分钟到达目的地而超速行驶,往往会一个小小的失误造成很大的麻烦,这样就得不偿失了。无论是在高速公路还是在一般道路上行驶,都要自觉遵守该路段的限速规定,安全驾驶、文明驾驶。

(十六)高速公路掉头、逆行、倒车

高速公路掉头、逆行、倒车是最危险的交通违法行为之一,在轿车中比较常见,在大客车行驶中也时有发生。一些驾驶人在高速公路上行驶时,不注意看路标,错过该下的路口,于是便冒险倒车或掉头,有的甚至逆行,这种情况事故发生率极高,虽然是几秒钟或几十秒钟的掉头逆行,可能会付出生命的代价。在此提醒:高速公路上行驶时一定要注意观察高速公路路标,如果因没有看路标,错过了该下的高速路口,切勿倒车、掉头或逆行,应该从下一路口出去再返回。大客车驾驶人应该带头做到这一点。

(十七)跟车太近

汽车追尾事故是跟车行驶过程中的交通事故类型之一,一般的追尾事故为小磕碰,但是高

速公路上面的连环追尾,往往都是重大恶性事故,其最终的原因,就是跟车太近。有的驾驶人,为了不让其他车辆加塞,紧跟前车,就因前车紧急制动,处理不及时,导致追尾事故不断发生。

作为道路运输车辆的大客车,惯性普遍较大,尤其是在乘客满员的情况下,需要停车的距离较长。如果跟随小型汽车行驶时,小型汽车的制动效能高,停车距离相对较短,如果大客车跟车距离过近,就会由于刹不住导致与前车的追尾事故。为了保证乘客的安全,大客车驾驶人在驾驶过程中,一定要与前车保持足够的安全距离。在雨天或湿滑路段行驶时,更应适当加大与前车的跟车距离。

案例链接

某运输集团公司驾驶人行为规范

(一)安全行车"十不开"

道路宽阔	视线良好	中速行驶	不开英雄车
前车占道	行人挡路	有理让人	不开赌气车
车好路宽	秩序井然	技术熟练	不开麻痹车
视线不清	情况不明	减速鸣号	不开冒险车
交叉路口	人多车多	礼让三先	不开抢道车
城市厂矿	情况复杂	小心谨慎	不开鲁莽车
公路拥挤	事急天晚	沉着冷静	不开急躁车
车有故障	操作不灵	检查排除	不开凑合车
身体疲惫	精力不足	停车休息	不开迷糊车
完成任务	受到表扬	再接再厉	不开松劲车

(二)大客车驾驶"84220"规定

24小时之内,累计驾驶时间不得超过8小时;白天连续驾车不超4小时停车休息20分钟,夜间驾车不超2小时停车休息20分钟。

第四节 大客车驾驶人行为规范的具体要求

学习目标

1. 理解并列举出大客车驾驶人行为规范的具体要求。
2. 掌握并遵守大客车驾驶人行为规范。
3. 熟悉职业道德意识,养成良好的职业行为习惯。

建议学时:4学时。

假如我是大客车驾驶人

长长的路
像没完没了的愁绪
有时宽　有时窄
有时平坦　有时坑道

前有堵车后有追兵

如果我是大客车驾驶人
出发前　必须经过细心的准备
在隐藏的体内　对心情进行梳理
除掉阴影　留下阳光

如果我是大客车驾驶人
在路上　更要有耐心
我宁可超过规定到达的时间
去承受领导的批评
也不要为了赶时间
去奔命

如果我是大客车驾驶人
会沉着冷静　随机应变
远离死神的威胁
让一路阳光一路欢笑
伴随车上的每一位朋友

长长的路
也是一首长长的诗
写得漂亮一点吧
让她开满美丽的鲜花
有90%的人欣赏

这首诗歌是一位准大客车驾驶人的心情写照。假如你是一名大客车驾驶人,你会在行为上对自己有哪些要求?

大客车驾驶人是经营性道路旅客运输驾驶人的重要组成部分。按照《公民道德建设实施纲要》要求,经营性道路旅客运输驾驶人应该以社会公德和职业道德为着力点,遵章守法,依法经营,诚实守信,公平竞争,优质服务,规范操作,文明行车,以人为本,自觉加强职业道德修养,不断提高操作技术水平。

一、遵章守法

遵章守法系指人在社会上生存于其人或事互相约束,久而久之所形成各种规范和条文,也作人在社会上生存所必须具备的各种准则,是各行各业在从事经营过程或生产过程中都必须遵守的道德规范。

(一)加强法律、法规的学习

认真学习国家的法律、法规和政策,熟知道路运输方面的法律、法规,自觉遵守交通安全法和各项规章制度、安全操作规程,充分认识遵章守纪的重要性,做到学法、知法、守法、用法。

案例链接

药家鑫案件

药家鑫,男,1989 年 11 月 7 日出生,西安音乐学院大三的学生。2010 年 10 月 20 日 23 时许,药家鑫驾驶红色雪佛兰小轿车行驶至西北大学长安校区外西北角学府大道时,撞上前方同向骑电动车的张妙,后药家鑫下车查看,发现张妙倒地呻吟,因怕张妙看到其车牌号,以后找麻烦,便产生杀人灭口之恶念,遂从随身携带的包内取出一把尖刀,上前对倒地的被害人张妙连捅八刀,致张妙当场死亡。此后驾车逃逸至郭杜十字路口时再次撞伤行人,逃逸时被附近群众抓获,后被公安机关释放。2010 年 10 月 23 日,被告人药家鑫在其父母陪同下投案。2011 年 1 月 11 日,西安市检察院以故意杀人罪对药家鑫提起了公诉。2011 年 4 月 22 日,药家鑫因犯故意杀人罪,一审被判处死刑,剥夺政治权利终身,并处赔偿被害人家属经济损失 45498.5 元。5 月 20 日,陕西省高级人民法院对药家鑫案二审维持一审死刑判决。2011 年 6 月 7 日上午,药家鑫被执行死刑。

讨论:药家鑫的案例给我们什么教训和启示?

_____

_____

_____

(二)强化法治意识

牢固树立法律法规意识,自觉遵守国家法律法规、条例、地方和部门规章。在严格守法的同时,能够用法律的手段维护自己的合法权益,解决在生产经营过程中所产生的矛盾纠纷和债务。

图 3-44 被查的叶某及其大客车

2015 年 8 月 9 日,北海交警在铁山港收费站整治交通违法行动时,发现车牌为桂 KB2819 大型普通客车(图 3-44)未按规定配备车厢内安全锤。在随即的核查中,发现驾驶人叶某驾驶证为"违法未处理,超分,停止使用",累计记分 25 分。据悉,该车为旅游包车,驾驶人叶某说对自己驾驶证被记 25 分并不知情,但其坦承曾把驾驶证交给中介人员从事买分卖分交易,只知道曾经一次帮朋友代扣过 9 分。

叶某违法记分达 12 分仍驾驶机动车属违法行为,民警对其开具强制措施凭证,暂扣其驾驶证,叶某驾驶证将面临降级,不能再驾驶大型客车。

(三)增强安全责任意识

始终把人民群众的生命财产安全放在生产经营的首位,牢固树立"安全就是效益""安全就是生产力"的思想,不断提高驾驶人自身的驾驶操作技能,努力探索安全行车的规律。在运营服务中,旅客的安全包括生命安全、人身安全、财产安全、环境安全、心理安全等诸多因素。人的安全感建立在愉快感、舒适感、满意感之上,因此,安全是旅客出行最基本的需要。

从2002年起,每年的六月份是国务院确定的全国安全生产月。"生命之托,重于泰山"(图3-45)。以生命为本,敬畏生命,尊重生命,珍视生命,保护生命,时时刻刻把生命安全工作放在所有工作的首要位置。作为一名道路运输驾驶人,面对工作的平凡,我们从容不迫;面对肩负的

图3-45 安全警示

神圣职责,我们兢兢业业;面对时代的召唤,我们一往无前。用我们的双臂捍卫旅客的生命安全。

图3-46 不文明驾驶行为

(四)培育良好的驾驶作风和职业习惯

能否实现安全运输,不仅与驾驶人的技术相关,而且还与其个性、涵养和习惯有关。因此要加强驾驶人自身修养,培养良好个性心理,不开"违法车""英雄车""斗气车"(图3-46),自觉维护交通秩序,保障道路安全畅通、文明行车,做到礼让三分,有礼也让。

"使你停下脚步的往往不是脚下的荆棘,而是你鞋里的几粒沙子。"细节决定成败。目前,仍有部分驾驶人遵章守法、安全行车的意识淡薄,导致交通事故不断发生。根据世界卫生组织统计,交通事故是人类死亡的第五大原因。违章操作和玩忽职守是造成交通事故的主要元凶。

知识延伸

我国交通事故死亡率居高不下

常言道:身体是1,事业、理想、生活等才是1后面的0;如果1不存在,后面的0再多也枉然。中国是世界上交通事故死亡人数最多的国家之一。有资料显示,日本的万车死亡率是0.77,英国是1.1,加拿大是1.2,澳大利亚是1.17,法国是1.59,美国是1.77,而我国为6.2,是发达国家的4~8倍。所以,减少交通事故对我国来说任重道远。

二、依法经营

(一)做到"三合法"

依法经营,就必须做到"三合法",即经营主体合法、经营活动合法、经营路线合法,以保障道路运输的正常运行。

1. 经营主体合法

根据《道路运输从业人员管理规定》第九条规定,经营性道路旅客运输驾驶人应当符合下列条件:取得相应的机动车驾驶证 1 年以上;年龄不超过 60 周岁;3 年内无重大以上交通责任事故;掌握相关道路旅客运输法规、机动车维修和旅客急救基本知识;经考试合格,取得相应的从业资格证件。

客运驾驶人在运营中要随车携带道路运输证、从业资格证等有关证件。

《中华人民共和国道路运输从业人员从业资格证》如图 3-47 所示。

图 3-47　中华人民共和国道路运输从业人员从业资格证

2. 经营活动合法

经营活动合法就是从事道路运输经营活动必须符合法律、法规、规章和规范要求。

(1)从事客运经营活动前,应依法取得客运标志牌。出车前,客运驾驶人应将客运标志牌放在前风窗玻璃内的右下方。完成运输任务后,及时向客运企业上交客运标志牌,统一管理。

(2)严格执行客车安全例行检查制度。客运班线单程运营里程小于 800km 的客运班车和往返营运时间不超过 24 小时的客运班车,实行每日检查一次;客运班线单程运营里程在 800km(含)以上的客运班车和往返营运时间在 24 小时(含)以上的客运班车,实行每个单程检查一次。

(3)遵守汽车载客规定,不得超载,不得违反规定载货,不得强迫旅客乘车,不得中途甩客,不得敲诈旅客,应为旅客提供良好的乘车环境,并采取必要的措施,防止在运输过程中发生侵害旅客人身、财产安全的违法行为。

(4)严格执行无关人员不进站、无关车辆不进站、易燃易爆易腐蚀等危险物品不进站的"三不进站"制度和超员客车不出站、客车证件不齐不出站、出站登记表未签字不出站、驾驶人资质不符合要求不出站、安全例行检查不合格客车不出站、驾驶人乘客未系安全带不出站的"六不出站"制度。

（5）严格遵守禁止乘客携带危险物品上车的规定。驾驶人发现旅客随身携带或在行李中夹带易燃、易爆、有毒、有腐蚀性、有放射性及有可能危及车上人员和财产安全的危险物品或者国家规定的违禁物品时，应制止其携带上车，耐心做好解释工作。

（6）遵守客车驾驶人驾驶时间的规定。

案例链接

营运客车 2017 年完成应急锤的更新更换

交通运输部、国家安全生产监督管理总局联合发出通知，对所有在用营运客车更换符合标准的应急锤。2017 年 6 月 30 日前，9m 及以上单门全封闭式营运客车要全部完成应急锤更新更换工作，鼓励在 2018 年春运（1 月 13 日启动）前完成。2017 年 12 月 31 日前，其他所有营运客车要完成应急锤更新更换工作。

3. 经营路线应当合法

按照道路运输法律、法规和交运运管部门审批的路线从事经营活动。按照国家有关规定的要求，旅游客车、包车客车、三类以上班线客车和危险货物运输车辆在出厂前应安装符合标准的卫星定位装置。终端可记录事故疑点数据、行驶状态数据、车辆行驶里程等信息，并提供数据分析软件，支持行驶记录数据的实时上传、条件检索上传和数据接口导出功能。减少和杜绝不按规定路线行驶、违法超车、占道或逆向行驶、违法停车或倒车等现象的发生。

案例链接

严格执行经营线路合法

2015 年 2 月 28 日，川 M 籍客车驾驶人高某到高速公路执法一支队五大队接受三次不按规定线路行驶违法行为的处罚。

2 月 17 日，该车在渝蓉高速公路大足区三驱收费站下道时被执法人员查获。因不按规定线路行驶，高速公路执法一支队五大队对该车作出了 3000 元的行政处罚，并抄告其车属单位。该车属单位作出整改承诺，将加强对驾驶人安全教育培训，不再出现不按规定线路行驶的情况。然而，执法人员通过重庆高速公路监控中心查到该车于 2 月 18 日至 2 月 22 日期间有三次从渝蓉高速公路三驱收费站下道的通行记录。高速公路执法一支队五大队对该车后三次不按规定线路行驶的违法行为再次做出了共计 9000 元的行政处罚。（本文来源：重庆长安网）

讨论：从这个案例中我们受到什么提示？

（二）依法经营，还必须做到廉洁从业

名言警句

姿态上低人一等，能力上高人一等，作风上强人一等，享受上慢人一等，奉献上多人一等，冲突上让人一等。

党的十七大报告明确提出，"坚持深化改革和体制创新，加强廉政文化建设，形成拒腐防变教育长效机制、反腐倡廉制度体系、权力运行监控机制。"在中国共产党的历史上，这是首次提出"廉政文化建设"这一全新的反腐倡廉机制。

从事道路客运企业要以邓小平理论、"三个代表"重要思想、科学发展观和党的十八大精神为指导，坚持统筹推进"五位一体"总体布局和协调推进"四个全面"战略布局，为实现中华民族伟大复兴的中国梦贡献智慧和力量。按照社会主义核心价值观的总要求，以"依法经营、廉洁从业、诚实守信"为主题，增强驾驶人在内的企业员工特别是党员干部的反腐倡廉意识。

廉洁自律是基本的职业道德，保障个人职业生涯的健康发展，促进运输企业的长远发展，维护社会和谐稳定。建立廉洁从业的职业道德观，首先要建立正确的利益观和发展观。古人云"天道酬勤"，讲的是勤劳致富，通过自己诚实正当的劳动获利才能心安理得，反对不劳而获，反对投机取巧、损人利己的行为。其次要加强自律，树立法治意识。少数大客车驾驶人工作作风轻浮、简单、粗暴，轻视法律，不作为或乱作为。严重损害了国家、集体和群众利益，社会影响极其恶劣。最后，建立健全交通行业内部的民主监督机制。"不敢监督""不愿监督"使得民主监督不够有效，我们不能忽视对职工的制度约束和廉洁制度文化熏陶，使之能秉公办事，廉洁自律。

图3-48　信守承诺

三、诚实守信

诚实守信，既是做人的准则，也是对从业者的道德要求，大客车驾驶人在从事旅客运输的活动中应该诚实劳动，合法运营，信守承诺，讲求信誉（图3-48）。

（1）树立信誉第一的意识，努力提高服务品质和运输质量，时刻为满足乘客的需求着想，按承诺的要求完成客运工作。

（2）驾驶过程中必须认真履行岗位职责，认真遵守旅客运输的各项规定，确保乘客安全、舒适、及时、方便地到达。

（3）决不允许投机取巧、弄虚作假、欺骗乘客、变相索贿、侵害乘客的正当利益，做到自省、自重、自励。

（4）大客车驾驶人要按照公司安排的班次、行车路线和目的地行驶，准时发车，按时到达。

由于我国社会主义市场经济还不完善，职业领域出现了一些不健康的现象，部分大客车

驾驶人诚信的缺失,给社会主义市场经济的顺利发展带来了一些负面影响,也败坏了一些道路运营企业的名声。因此在社会主义市场经济条件下,加强职业领域的诚信建设,非常必要,十分及时。

四、公平竞争

随着社会主义市场经济体制的建立,创建一个文明、有序、健康的道路运输市场是市场经济的必然要求。文明经营是一切服务业树立信誉的第一要求,即通过服务的方式,以平等、友好、热情的态度来对待客户,做到公开、公平、公正地参与竞争,确保运输市场的规范,提高文明服务水平(图3-49)。

文明经营、公平竞争的要求是:

(1)通过改善服务方式,提高服务水平,再公平、公正、公开、文明地参与竞争,确保道路运输市场的规范和健康有序地发展。

(2)要在合理合法的前提下,增强市场竞争意识,在道路运输活动中勇于创新,优化服务品质,提高运输效率,增强市场竞争力。

(3)要有正确的价值观念,主动适应市场、占有市场,做到童叟无欺、一视同仁,文明经营,优质服务。

(4)不唯利是图,不欺行霸市,不刁难乘客,不垄断、不封锁道路运输市场,不搞地方保护主义。

图3-49 公平竞争

案例链接

违法在站外揽客、圈客

为了招揽客源,一些长途班线客运经营者用无道路运输许可证的客车在客运站以外揽客、圈客(有的到较远的地方拉客),然后免费将旅客运送到长途班车上。这种经营行为扰乱了客运市场秩序,侵害了其他客运经营者的合法权益,且存在安全隐患。

讨论:如果你是该线路的客运驾驶人,你该怎么做?

_____

_____

_____

五、优质服务

道路运输是通过完成客货流动来实现效益的,属于服务型行业。大客车驾驶人的优质服务是根据乘客的实际需求,最大限度地提供安全、舒适、便捷、规范的运输服务,保护乘客的合法权益(图3-50)。

优质服务,要求大客车驾驶人做到以下几点:

(1)质量第一,顾客至上,努力提高服务品质,为乘客着想,服务热情周到,真诚待人,做

图 3-50　优质服务记心间

到文明服务,微笑服务。

(2)有高度的责任心,运输过程中,认真履行岗位职责,尽职尽责,敬业勤业,诚实守信,规范服务,热情周到地为乘客提供安全正点、清洁舒适的服务。

(3)按照社会责任和从事营运方式的不同要求,自觉遵守国家行业法律、法规、规章及行业管理规定,规范服务标准,保持车容车貌干净整洁,车辆技术状况良好,服务设施齐全、有效。文明行车示意图如图 3-51 所示。文明行车,安全营运,为乘客创造安全、舒适、方便、快捷的乘车环境。

图 3-51　文明行车示意图

(4)树立"讲文明、树新风"的思想,爱岗敬业、无私奉献。使用规范语言,礼貌待客,热情周到,微笑服务。在服务过程中做到不卑不亢、自尊自重、遵纪守法,不向乘客借东西,不托乘客代买东西,不向乘客索小费,不在外事场合大声喧哗。尊重旅游者的宗教信仰和风俗习惯,大力弘扬见义勇为、拾金不昧、救死扶伤、助人为乐新风尚。努力加强全行业精神文明建设。

(5)急他人所需,想他人所想,具有强烈的职业责任感和事业心,虚心向先进人物学习,把优质服务落实到行动上,开好安全车、文明车,自觉接受社会监督,出色地完成旅客运输任务。

案例链接

"最美司机"吴斌

2012 年 5 月 29 日中午,杭州客运司机吴斌驾驶大客车从无锡开往杭州,途经沪宜高速公路时突发意外,"从天而降"的一块金属片穿透了风窗玻璃,砸中了吴斌的腹部(图 3-52),导致三根肋骨被撞断,肝脏被击碎。当时车上有 24 名乘客,危急关头,吴斌强忍剧痛将车平稳开到了路边,让所有乘客安全走下车,自己则瘫倒在座位上,虽经医院全力抢救,6 月 1 日凌晨 3 点 45 分,好司机吴斌在医院不治身亡。出警民警说,大客车刹车拖印是笔直的,一个肝脏被突然刺破的司机,要用怎样的意志力才能做到这一点啊!

图 3-52 "最美司机"吴斌

讨论：通过上网查询,进一步了解吴斌的先进事迹,并说说"最美司机"吴斌身上体现了哪些好的品质?

_____

_____

_____

六、规范操作

（1）认真遵守道路安全法律、法规有关规定和安全操作规范,不断提高自身安全意识和行为。

（2）切实做好出车前、行车中、收车后的安全日常维护和车辆检查,及时发现和处理安全隐患,防患于未然,避免行车过程中发生事故(图3-53)。

a)做好客车保洁工作   b)加强车辆检查

图 3-53 做好出车前、行车中、收车后检查和维护

（3）谨慎驾驶中的"黄金三原则",即集中注意力,仔细观察,提前预防。

①所谓集中注意力,就是在驾驶过程中不分心走神,少胡思乱想,头脑始终保持清醒。俗话说:小心驶得万年船。打盹瞌睡、心烦气躁是行车的大忌。事故的发生,往往就在一瞬之间。疏于一时,悔恨终身。

②仔细观察,尤其是在回头转弯、过路口巷口的时候。事故多发于后边的骑车人不管不顾或者根本就不明白前面驾驶人汽车打转向灯的意思,埋头直往前闯。所以永远不要高估

骑车人及行人的理解力和行为能力。

③提前预防也是非常重要的。在过村口、巷口时一定要提前减速,提防突然窜出人、车或者家畜。见前方有电动车、摩托车或自行车等占道行驶的,一定要轻按喇叭提示一下,让他们有足够的心理准备主动让道后再通过,防止他们突然猛拐或摔倒。

(4)按照不同的交通环境、道路状况、气象条件、车辆机械状况合理选择驾驶方式,不断调整行驶路线和行驶速度,以预防由于他人的不良驾驶行为或驾驶错误而引发的交通安全事故。

七、文明行车

文明驾驶是社会文明在驾驶机动车这一行为上的具体表现,体现了驾驶人的职业素养和文明涵养。

图 3-54　强超抢会

(1)在车辆行驶中,本车道前方车辆行驶速度比较慢时,应开启左转向灯,在不妨碍其他车辆正常行驶,确认安全的情况下,变更行驶车道超越;也可降低车速,确保安全距离跟随其后,避免出现强超抢会的情况(图 3-54)。

(2)在车辆行驶过程中,发现后车示意超车,应减速慢行,在确保安全的前提下,靠边行驶,给对方让出超车空间。

(3)在超车时,前方车辆不减速,应停止超车,与前方车辆保持安全距离,或减速慢行,或变更车道。

(4)超车时,发现前方车辆正在超车,应减速慢行,让前方车辆先超车。

(5)当车辆经过两侧有行人且有积水的路面时,应减速慢行,以避免污水溅到道路两侧行人身上(图 3-55)。

(6)当车辆行经有老人或小孩的路段时,不要不停地鸣喇叭,应减速慢行,确认安全后通过,以免行人受到惊吓,发生意外;行经没有禁止鸣号的路段时,应尽量避免使用喇叭,以免影响他人正常作业;当行经不允许鸣喇叭的路段时,不允许鸣喇叭,在确保安全的前提下通过。文明礼让如图 3-56 所示。

图 3-55　过积水路面不减速

图 3-56　文明礼让

（7）在夏天行车时，不要穿拖鞋，穿拖鞋既不礼貌，也不安全。

（8）在行车时，不要抽烟，不要接听电话，不要做与驾驶无关的任何事项，确保行车安全。

（9）在与其他人发生争执或矛盾时，应耐心分辨，不要相互谩骂，不要把情绪带到驾车过程中，不开斗气车。

八、救死扶伤，见义勇为

救死扶伤是中华民族的传统美德，也是每个驾驶人应尽的义务。大客车驾驶人无论出车前遇到突发性的伤病员，还是行车途中遇到交通事故中的伤员，都应该立即停车，将伤病员送到就近的医院进行抢救治疗，这个条件是其他职业无法比拟的，必须十分珍惜。同时，作为大客车驾驶人，当乘客的生命财产和货物安全受到非法侵害时，应勇敢地站出来，与不法分子斗智斗勇，维护乘客和货主的利益，捍卫社会正义。

目前，社会上出现一些人为突发交通事故，比如碰瓷行骗、歹徒绑架、盗窃抢劫等现象时有发生。这就需要我们的大客车驾驶人在行车途中能够救死扶伤、见义勇为。

案例链接

空手夺刀制服歹徒，让乘客免受伤害

在第十二届"昆仑奖"全国十大见义勇为英雄司机评选活动中，丽汽集团最美司机章双林被中华见义勇为基金会授予"全国见义勇为英雄司机"荣誉称号。

2014年11月1日上午10点20分，丽水市汽车运输集团司机章双林驾驶客车从丽水市客运东站出发，前往舟山市沈家门。途中，一名40来岁的男子胡言乱语，精神异常，掏出一把小刀刺向坐在他斜前排的周先生，幸好周先生反应及时，迅速往车头方向跑去。司机章双林得知险情后，随机应变顺着匝道提前下了高速。

然而，男子的情绪变得越来越激动，挥舞着手中的尖刀用力扎玻璃窗，又突然对另一名乘客雷先生进行攻击。见此情景，大家吓得纷纷往驾驶室方向跑去。

章双林顺势急踩了一脚制动踏板，车子一停住他立即打开前后门，让大家先下了车。章双林松开安全带后没有一丝犹豫，迅速来到男子身后，一只手抓住他拿刀的手，不让他再伤害乘客，另一只手的手臂牢牢锁住男子的脖子，并把他狠狠地压在座位上直至压在地上。随后在3名男乘客的帮助下，章双林夺下男子手中的尖刀，然后一起把他抬下了车。大概10分钟后，当地武警部队和派出所民警相继赶到，将这名男子带走接受调查。

讨论：章双林为什么被誉为"最美大客车司机"？

_____

_____

_____

九、勤于学习，钻研技术

只有勤于学习、钻研驾驶技术，知识面广的驾驶人，才能为广大客户提供优质服务。驾驶人要不断学习，努力钻研，开拓创新，努力跟上时代步伐，适应行业发展。美国管理大师彼得圣吉曾这样警告人们：一个人学习过的知识，如果每年不更新7%的话，那么这个人便无法

适应社会的变化。

名言警句

未来的文盲,不再是不识字的人,而是没有学会怎样学习的人。

——埃德加富尔

勤于学习,钻研技术的要求是:

(一)加强理论学习

(1)要认真学习有关汽车驾驶操作的基本理论知识,掌握汽车在不同气候和不同道路情况下的驾驶操作要点。还要不断地学习别人开车节省燃油、节省轮胎的经验,掌握开车节省费用的驾驶方法。

(2)要系统地学习大客车的总体构造,包括技术性能及总成、部件、零件的构造、功用和工作原理;学习一些大客车维修方面的知识,要了解汽车维护的目的和意义。掌握客车维护的分级方法,各级维护的基本作业内容和程序,客车常见故障的诊断和排除方法,汽车燃料和润滑材料的性能及选用方法等。

(3)加强道路交通安全法和安全驾驶知识的学习。及时学习新修订和公布的《中华人民共和国道路交通安全法》《中华人民共和国道路交通安全法实施条例》《中华人民共和国公路法》《中华人民共和国道路运输条例》《道路交通事故处理办法》等相关法律法规、行政法规以及地方法规和部门规章,只有知法、懂法,才能更好地守法和依法行车。

(4)要了解和掌握相关知识,如掌握一定的卫生救护常识,一旦自己或他人发生意外,都能采取现场急救措施,有时甚至可能救活一条生命;要了解一些保险知识,发生交通事故后的保险索赔工作也很重要,如果没有一定的保险知识,自己的正当利益有可能得不到保障。还要有选择地学一些相关知识,如果驾驶旅游车,还应该学一些导游方面的知识。

(二)加强实际驾驶操作训练

应该在自己开车的实践中不断地探索、学习,要勤于动脑,勇于钻研,还应该不断地向老驾驶人学习先进的开车经验和技术,不断地充实自己、完善自己。

脚步达不到的地方,眼光可以达到;眼光达不到的地方,思想可以达到。只要我们勤学习、善思考、勇实践、敢转变,更新观念,将所学所思在驾驶实践中运用,认认真真,勤勤恳恳,道路交通行业一定会迎来一个更加灿烂的明天!

第五节 大客车驾驶人应避免的不良行为

学习目标

1.了解大客车驾驶人在行车过程中的日常不良行为。

2.熟悉大客车驾驶人避免日常不良行为的原因。

3.掌握因日常不良行为造成的影响。

建议学时:2学时。

一、大客车驾驶人在驾驶过程中的日常不良行为

本节所列举的一些行为习惯是大客车驾驶人在行车过程中经常发生的,这些行为习惯轻则影响驾驶人本身的操作方式,也影响乘客对驾驶人行为规范的看法,重则可能危及行车安全。我们称之为大客车驾驶人的日常不良行为。

(一)单手开车

单手开车,是指开车时单手握转向盘。单手开车的情况不在少数,这是一些驾驶人在行车过程中常常出现的习惯动作,有些驾驶人以此作为驾驶技术娴熟进行炫耀。那么,单手开车究竟好不好?

正确的开车姿势应该是双手握转向盘,在遇到紧急情况或者路况不好时,会两手紧握住转向盘,使车辆掌控在手。双手开车不仅能有效控制

图3-57　单手开车对转向的影响

车辆,从心理上也起到很大的稳定作用。反之,如果单手开车,则对转向造成影响,如图3-57所示。

这里说的单手开车与一只手握转向盘,另一只手换挡时的情形是不同的,后者仅反映在换挡的时候两只手与脚的协调配合,动作是连贯的。单手开车则是一只手握转向盘,另一只手没有放在转向盘上,或者用来抽烟、吃东西、喝水甚至玩手机等动作。如果遇到突发情况,例如爆胎、前轮碾压到砖头、石子上,车轮受力导致转向盘发生转向时,单凭一只手不能稳住方向,极有可能发生事故。又如前方突然有人横穿公路,或者出现较大的障碍物时,一只手是不足以迅速转动转向盘避开障碍物的,即使由一只手立即变成两只手开车,都要花一定的时间,如果手不空闲,则花的时间更长。作为大客车驾驶人,为了自身和他人的安全,单手开车的习惯要改掉。

(二)开车时抽烟

常看到不少驾驶人在开车时一手握转向盘,一手抽烟。开车时抽烟是有害的,主要反映在以下几点:

(1)在点烟的时候,无论使用点烟器还是打火机,在点烟的一刹那,驾驶人的注意力必然

眼神

开车抽烟
危险指数 ★★★★

图 3-58　点烟时注意力集中在火苗上

会集中在火苗上(图 3-58)。此时为单手开车,虽然时间很短(1~2秒),但以 60km/h 的车速计算,2 秒能跑 33m 多,一旦突发情况,后果是严重的。据相关资料统计,吸烟的人发生车祸的可能性比不吸烟的人高出 1.5 倍,吸烟还会降低驾驶操作的准确性,会造成大的安全隐患。

(2)抽烟过程中,无论是将烟灰弹入车内烟灰缸还是直接弹在车外,都会使驾驶人分心,而且为防止烟灰掉落或者烟头弹在车内饰板上,在弹烟灰时,绝大部分人都会去瞟一眼,由此存在安全隐患。

(3)开车时抽烟,烟雾会影响到驾驶人的视线,对安全驾驶带来隐患,同时,开车抽烟使乘客不同程度地吸上二手烟,影响身体健康,从职业道德上讲,是不尊重乘客的表现。所以,无论在开车时,还是休息时,都不能在车内抽烟。

为了自身和他人的健康和安全,开车过程中不要抽烟,即使要抽,也要选择一个可以停车的地方停车抽烟,抽完再上路。

(三)开车吃东西

有的驾驶人边开车边吃东西,认为这样可以提高行车效率,但是对安全行车埋下隐患。因为开车吃东西会使驾驶人分心,有时还因食物的掉落转移驾驶人的注意力,势必造成安全上的隐患,如图 3-59 所示。

a)客车驾驶人开车时吃西瓜

边开边吃
肉夹馍吃到撞墙

b)开车时吃东西发生交通事故

图 3-59　开车时吃东西

开车吃东西因较长时间单手握转向盘,不利于对突发情况的处理。边开边吃东西,也不利于营养的吸收。大客车驾驶人要养成良好的驾驶习惯,减少驾车时的其他动作才是对驾驶工作的认真负责。

真要吃东西,可将车开到休息区,利用休息时间吃点东西,这样既有利于身体健康,也可缓解驾车疲劳。

（四）向窗外扔杂物

常发现在不同的道路上，总有一些素质不高、不讲道德的驾驶人或乘客习惯于将吃东西后留下的包装袋、瓶子、果皮、烟头等统统扔向窗外（图3-60）。这样做既影响路面及周边的环境，还可能给其他车辆带来危险。很多驾乘人员认为向车外扔垃圾是小事，殊不知，这种行为既不文明，而且违法。当驾驶人发现道路上有物品时，会习惯性地打方向避让，如果车速较快，还可能因急打方向造成车辆侧翻或冲出道路的重大交通事故。

图3-60 向车外扔杂物

作为一名合格的大客车驾驶人，应该做到自己不仅不向车外扔杂物，还要劝告乘客不向车外扔杂物。同时，建议在大客车上准备一些塑料袋或小桶之类的容器，可以把杂物先装进袋子或桶里，等客车到达目的地或休息区后，再把垃圾或垃圾袋倒进车站、休息区的垃圾箱内，这是一件很简单的事。

知识延伸

向车外扔杂物要担责

国务院发布的《中华人民共和国道路交通安全法实施条例》第62条规定，驾驶机动车不得向道路上抛撒物品。《中华人民共和国道路交通安全法实施条例》第90条规定，机动车驾驶人违反道路交通安全法律、法规关于道路通行规定的，处警告或者20元以上200元以下罚款。

（五）随意停车

时常会看到一些驾驶人只为自己方便，将车辆停放在不允许停放的地方，轻则影响他人通行，重则导致道路拥堵，甚至因此发生交通事故。如图3-61所示为随意停车影响行人通行。如图3-62所示为因随意停车被市民涂画。

路边停放的车辆处在静止状态下，实际上就是道路上的一种障碍物，占用一定的道路空间。驾驶人遇到这种停放的车辆要经常减速避让，甚至停车让行。如果车辆在非机动车道或人行道上临时停放或停车，将侵犯非机动车和行人的通行权利，迫使非机动车或行人无路可走，而借走行车道，造成人车混行，给非机动车或行人通行造成不安全的因素。同时，车辆在人行道上停放,也破坏了人行道的路基路面。大客车驾驶人也不例外,有的为了拉客或图方便,违反禁停标志,在不允许停车的地方停车上下乘客或者等候乘客。由于大客车的车身长尺寸大,随意停车影响到他人正常通行的情况更为严重。

图3-61 因随意停车影响行人通行　　　　　图3-62 因随意停车被市民涂画

随意停车,对驾驶人而言既违反职业道德,也违反社会公德。如果是在高速公路上随意停车,则是严重的违法行为。作为大客车驾驶人,要带头遵守职业道德和社会公德,文明出行、规范停车。不在一般道路上随意停车,更不在高速公路上随意停车。

(六)变更车道不打转向灯

我们常常看到一些驾驶人在变道、超车、转弯或掉头时,从不打转向灯,想变道就变道,想转弯就转弯,使周围的机动车、非机动车、行人措手不及,慌忙避让;有时候超车不打转向灯,使前车驾驶人吓出一身冷汗。这些驾驶人没有把安全放在心上,也不顾及他人的感受,从小处上说,存在不良的驾驶行为习惯,从大处上说,也是违反交通法规的行为。变道不打灯的危害性有以下几点:

(1)车辆起步驶入正道、向左转弯、向左变更车道时如果不打左转向灯进行提醒,极易与后面驶来的车发生碰擦和追尾。在高速公路上由匝道驶入行车道过程中如果不打左转向灯,也极易与后来高速驶来的车辆发生碰撞,其后果相当严重。

(2)超车前如果不打左转向灯,则前方车辆得不到提醒,仍按原行驶速度和方向行驶,当有障碍物时,会自然往左打方向,如果此时正在超车,极易发生车辆侧面的相碰,发生的交通事故是严重的。

(3)向右转弯、向右变道时如果不打右转向灯,会与右后方驶来的车辆发生碰撞或追尾。如果靠右边停车不打转向灯,还可能与非机动车或行人发生碰擦。曾经发生过由于车辆靠边停车不打灯,将骑自行车的人挤到旁边沟里的案例。

大客车驾驶人不管是在变道、超车、转弯还是掉头,都要记得先打开转向灯提醒前后车辆和行人。同时,由于大客车车身长尺寸大,变道、转弯等需要的空间大,更应提前打转向灯,不能任性地想转就转,否则很容易造成事故。

(七)开车加塞

开车加塞就是插队的意思,在自己正常行驶的情况下,在离前车距离不是很远时,别人要并线进来就是加塞(图 3-63)。有的驾驶人遇到堵车,直接走便道,快到路口时就往正道加塞。开车加塞的情况在大客车中并不少见,尤其在公交车中比较突出,依仗着车长尺寸大,硬性加塞,害得其他车辆慌忙避让。

图 3-63　大客车加塞

开车加塞不仅影响其他驾驶人的情绪,也容易引发交通事故。从某种角度上讲,加塞就是不道德的行为。大客车驾驶人是流动中的文明使者,在路口或道路拥堵路段,要依次排队,不要加塞,在行车过程中展现良好的道德情操。

(八)不按规定鸣喇叭

这里所指的是在规定不得鸣喇叭的场所鸣喇叭,例如在学校、医院、科研单位、小区以及

图 3-64　自觉遵守禁鸣规定

规定的街区路口等地段,禁止车辆在驶入或通过时鸣喇叭,否则会造成对周边居民和人员的干扰,影响他人的正常休息和工作。有的驾驶人在前方道路施工、发生交通事故、车辆故障或前车起步慢时,不耐心等候,而是采取长时间或频繁按喇叭催促的行为。

作为大客车驾驶人,应体现良好的道德素养,在禁止鸣喇叭的地方,严格遵守规定,不鸣喇叭;在等人时,不采取按喇叭催促的方式;在前方道路施工或堵路的时候,要耐心等候,因为你的耐心会感染到乘客,使乘客也会有耐心。当看到有如图 3-64 所示的标志时,自觉遵守禁鸣规定。

(九)不让行人

这里所说的不让行人有两种情况:一是有人行横道(斑马线)但无信号灯的道路上,与行人抢道;二是在有人行横道且绿灯亮允许行人通行的道路上,右转弯不给行人让路,而是与行人抢道。不让行人的结果就是行人都不看信号灯了,借机横穿公路,违反交通法规,因而造成大的安全隐患。

城市道路设置人行横道线(斑马线)的作用是引导行人安全过马路。然而,行人在通过斑马线时发生交通事故的新闻并不少见,机动车与行人抢道更是比比皆是。机动车驾驶人在看到有斑马线时,应该主动减速缓行或停下,让行人安全通过(图 3-65)。如果面对斑马线,驾驶人不减速,也不主动礼让行人,这显然违背了一个驾驶人最起码的职业素养,也违反了《中华人民共和国道路交通安全法》第四十七条所规定:"机动车行经人行横道时,应当减速行驶;遇行人正在通过人行横道,应当停车让行。机动车行经没有交通信号的道路时,遇

图 3-65　礼让行人

行人横过道路,应当避让。"

(十)夜间跟车开远光灯

夜间跟车开远光灯,其后果虽然没有会车时对面来车开远光的眩目严重,但由于后面未超越车辆的跟车时间长,对前车正常驾驶造成不小的影响。大型客车由于车灯位置较高,造成的影响会更突出一些。

开不开近光灯完全取决于跟车驾驶人的自觉性,前车驾驶人为避免后面跟车开远光而影响驾驶,采取的办法一般有两种:一种是使用防眩目后视镜;另一种是间断踩制动踏板提醒,方法是后车一直开远光灯,没有反应过来时,可采取间断轻踩制动踏板三次,在基本不减速的情况下,提醒后方车辆关闭远光灯。

作为大客车驾驶人,既然有了这样的感受,就要注意在夜间跟车时,不要开远光灯,除非是要超车,可以在打开左转向灯的同时,进行远近光灯的交替使用,但注意在车头接近前车车尾时,应开近光灯,等超越后再开远光灯。

(十一)雨天过积水路面不减速

下雨天,路面上难免有一些积水,大客车驾驶人在通过积水时应该减速,不可将车快速开过,否则,如果对面来车,则会给对向车辆的前风窗玻璃上溅到很多的泥水,严重影响到对方驾驶人的视线,带来安全隐患。过积水路段不减速如图 3-66 所示。

如果路边有行人或骑车人,则积水会溅到行人、骑车人的身上。大客车驾驶人应具备基本的道德素养,既考虑自己,也要多为别人着想。雨天行车要减速慢行,必要时停车避让,让行人或者骑车人先通过,不能依仗车大的优势开"霸王"车,溅别人一身水。

图 3-66　过积水路段不减速

二、大客车驾驶人日常不良行为的主要原因

上述所列举行车过程中的日常不良行为,主要反映出大客车驾驶人在以下四个方面的意识不强。

(一)安全意识不强

驾驶过程中的日常不良行为反映出大客车驾驶人对安全出行的意识不强,对安全隐患认识不到位。安全出行的过程也是社会活动的过程,大客车驾驶人在行车过程中既要注意自己安全,也要注意对方的安全,只有这样,安全行车的社会氛围才能很好地体现。

（二）服务意识不强

大客车驾驶人的工作是为乘客服务的,如何服务得好,为乘客所赞扬,需要驾驶人在细节方面下功夫。如果有较强的服务意识,就会在客运的整个过程中,为别人着想,自觉减少或杜绝日常行车中的不良行为习惯。

（三）文明意识不强

在行车过程中,大客车驾驶人主要是与人打交道,自己的一言一行将对乘客起到潜移默化的作用,也会对其他车辆驾驶人、行人或骑车人等带来不同的感受。大客车驾驶人要做文明的使者,时时处处体现出文明素养。

（四）自律意识不强

大客车驾驶人肩负着将乘客安全地从甲地送到乙地的重任,如果在驾驶过程中不注意自律,而是采取向车外扔杂物、乱鸣喇叭、随意停车等不良行为,则最后带来的是服务质量不好、乘客不满意,严重的会危及驾驶人和乘客的生命及财产安全。大客车驾驶人应加强自律意识的培养,做到自强、自立、自重、自励,只有这样,驾驶工作才能做得好。

本章练习

一、填空题

1.安全驾驶的"三黄金原则"是：＿＿＿＿,＿＿＿＿,＿＿＿＿。

2.大客车驾驶人依法经营,必须做到"三合法",即＿＿＿＿、＿＿＿＿、＿＿＿＿,以保障道路运输的正常运行。

3.大客车驾驶人是经营性道路旅客运输驾驶人的重要组成部分,要自觉加强＿＿＿＿,不断提高＿＿＿＿。

4.道路运输是通过完成客货流动来实现效益的,属于＿＿＿＿行业。

5.大客车驾驶人在行车过程中,要带头做到"三先",即：＿＿＿＿、＿＿＿＿、＿＿＿＿。

6.＿＿＿＿、＿＿＿＿、＿＿＿＿和＿＿＿＿是对营运汽车驾驶人的基本要求。

7.客车在通过无交通信号灯路口时,必须遵循"＿＿＿＿"的原则。

8.大客车驾驶人职业道德是调整其职业活动中与＿＿＿＿、＿＿＿＿的总和。

9.＿＿＿＿是道路运输行业树立信誉的根本。

10.文明驾驶是社会文明在驾驶机动车这一行为上的体现,体现了驾驶人的＿＿＿＿和＿＿＿＿。

二、判断题

1.不同时代从事不同行业的人有着共同的职业心理和职业习惯。（　　）

2.救死扶伤是中华民族的传统美德,也是每个驾驶人应尽的义务。（　　）

3.大客车驾驶人要向乘客讲解安全门(窗)、安全锤的使用方法。（　　）

4.大客车驾驶人在发生交通事故时首先要保护自己,其次保护乘车人。（　　）

5.只有勤于学习、钻研驾驶技术、知识面广的驾驶人,才能为广大客户提供优质服务。

（　　）

6. 客运汽车驾驶人要做到正点运行,文明服务,礼貌待客,重点照顾有困难的乘客。

（　　）

7. 旅游客车驾驶人要熟知旅游景点的道路状况、导游服务项目、食宿地点和食宿标准。

（　　）

8. 大客车驾驶人的职业道德是自然形成的。　　　　　　　　　　　　（　　）

9. 遵章守法、安全行车是道路运输活动能够正常进行的基本保证。　　（　　）

10. 优质服务的前提是爱岗敬业。　　　　　　　　　　　　　　　　　（　　）

11. 爱岗敬业、优质服务也是民族优良传统和时代的要求。　　　　　　（　　）

12. 汽车驾驶人的遵章守法主要包括遵守交通法规、经济法规、单位规章制度三个方面。

（　　）

13. 见义勇为是传统美德的体现,也是弘扬正气的必须。　　　　　　　（　　）

14. 只要没有禁止停车标志的地方,某种程度上说都可以停车。　　　　（　　）

15. 只要不影响客车的正常驾驶时,驾驶人都可以吃东西。　　　　　　（　　）

16. 大客车过有水的路面时,应减速慢行,防止将泥水溅到别人身上。　（　　）

17. 夜间超车时,若前车驾驶人可能因没注意,没有靠边让行时,后车可采取开起远光灯以示提醒。　　　　　　　　　　　　　　　　　　　　　　　　　　　　（　　）

18. 安全带的防护作用仅仅是在发生交通事故时防止驾乘人员被抛出车外。　（　　）

19. 礼节、礼貌是优质服务的重要内容和基础。　　　　　　　　　　　（　　）

20. 在通过无交通信号灯路口时,必须遵循"一慢、二看、三通过"的原则。　（　　）

三、单选题

1. 行车中遇有前方发生交通事故,需要帮助时,应该怎么做? (　　)

    A. 尽量绕道躲避　　　　　　　B. 立即报警,停车观望

    C. 协助保护现场,并立即报警　　D. 加速通过,不予理睬

2. 在大客车出站前,驾驶人须对乘车人提出什么要求? (　　)

    A. 系好安全带　　　　　　　　　B. 调整好后视镜

    C. 保持正确姿势　　　　　　　　D. 调整好座椅

3. 驾驶大客车发现后车开启左转向灯发出超车信号时,以下做法正确的是(　　)。

    A. 在有让超车条件,保证安全的情况下,减速靠右让路

    B. 加速行驶,使他不能超越

    C. 开启危险报警闪光灯,暗示他不要超越

    D. 向左行驶,阻止他超越

4. 客运驾驶人发现旅客携带违禁物品上车时,有权(　　)。

    A. 将违禁物品扣留　　　　　　　B. 将旅客扣留

    C. 拒绝旅客携带违禁物品上车　　D. 置之不理

5. 大客车驾驶人直接为乘客服务是(　　)的一个窗口。

    A. 社会文明　　　　B. 服务　　　　C. 礼貌待人　　　　D. 企业形象

6. 遵纪守法、(　　)是营运汽车驾驶人的职业道德规范之一。

    A. 文明经营　　　　B. 安全行车　　　　C. 严于律己　　　　D. 注意细节

7. "干一行、爱一行、专一行、成一行"是营运汽车驾驶人( )职业道德规范的内涵。

    A. 热爱本职、钻研业务   B. 爱岗敬业、优质服务   C. 社会公德、文明礼貌

8. 公平竞争必须做到公平、( )。

    A. 公开、透明   B. 公开、准时   C. 依法、管理   D. 公开、公正

9. 弘扬正气的前提必须做到( )。

    A. 满腔热情   B. 见义勇为   C. 一身正气   D. 爱憎分明

10. 客车驾驶人面对强暴和歹徒,应做到( )。

    A. 见机行事、衡量利弊   B. 见难而退、沉着机智;

    C. 见义勇为、敢于斗争   D. 袖手旁观、置之不理

11. 徐某驾驶一辆中型客车(乘载27人)行至汤山镇王伏村壶南头路段,在上坡过程中,机动车发生后溜驶出路外坠入落差约80m的山崖,造成11人死亡、7人受伤。徐某的主要违法行为是什么?( )

    A. 疲劳驾驶   B. 酒后驾驶

    C. 客车超员   D. 超速行驶

12. 大客车驾驶人在行车中经过积水路面时,应该怎么做?( )

    A. 减速慢行   B. 保持正常车速通过 C. 空挡滑行通过   D. 加速通过

四、多选题

1. 驾驶人在职业活动中礼貌待人应做到"四个到位",即( )。

    A. 心态到位   B. 姿态到位   C. 行动到位   D. 方法到位

2. 大客车驾驶人在行车过程中,要体现"四个意识",即( )。

    A. 道德意识   B. 服务意识   C. 安全意识   D. 守法意识

3. 大客车驾驶人在行车过程中,要体现"三种精神",即( )。

    A. 爱岗敬业精神   B. 见义勇为精神

    C. 救死扶伤精神   D. 主人翁精神

4. 行车过程中遵守"五个不得",即( )、不得阻碍其他经营者的正常经营活动。

    A. 不得强迫旅客乘车

    B. 不得中途将旅客交给他人运输或者甩客

    C. 不得敲诈旅客

    D. 不得擅自更换客运车辆

5. 机动车会车要做到"礼让三先",即( )。

    A. 先让   B. 先慢   C. 先走   D. 先停

五、简答题

1. 成为大客车驾驶人要具备哪些条件?

2. 简述汽车客运站"三不进站、六不出站"安全管理规定具体内容。

3. 简述"五不两确保"内容。

4. 道路运输驾驶人的职业特点是什么?对道路运输驾驶人的工作有何要求?

5. 简述优质服务,要求大客车驾驶人做到哪几点?

6. 简述大客车驾驶人日常不良行为的主要原因。

六、材料分析

(广州日报肇庆讯)2016年4月2日凌晨零时43分,二广高速肇庆辖区北江大桥路段发生一起交通事故,一辆大客车碰撞前方白色小客车,致使白色小客车向前冲并与另一小客车相撞。碰撞后,大客车失控与前方大货车追尾相撞。事故造成大客车车上4人死亡,十余人受伤。

经调查,事故发生前一天,在涉事大客车出发前该车司机刘××就发现车辆刹车存在隐患,但没有进行认真检查维修,而是将情况汇报给车辆所属的桂林力程运输有限公司后,依然决定出车。行至事故路段,刘××采取刹车减速时,发现刹车失效后,没有采取"抢挡降低行车挡位、拉手刹"等减速避险措施,反而为避免与同车道上其他车辆发生碰撞,连续变换车道,最终酿成惨剧,导致大客车车上4人死亡,十余人受伤。交警部门调查后,认定大客车司机刘××承担此交通事故的全部责任,其行为涉嫌交通肇事罪。

请问:1.该事故发生的原因是什么?

2.作为一名合格的大客车司机,需要具备哪些好的行为规范?

第四章 大客车驾驶人的职业修养

第一节 大客车驾驶人职业修养的概念

1. 熟悉大客车驾驶人的职业形象要求。
2. 掌握接待乘客的注意事项。
3. 掌握接待乘客的语言文明要求。
4. 熟知不受乘客欢迎的大客车驾驶人举止的表现。
建议学时:4学时。

最好的介绍信

某公司经理对他为什么要录用一个没有任何人推荐的小伙子时说,"他带来了许多介绍信。他神态清爽,服饰整齐;在门口蹭掉了鞋底下带的土,进门后随手轻轻地关上门;他看见残疾人时主动让座;进了办公室,其他的人都从我故意放在地上的那团纸团上迈过去或直接用脚踢开,而他却很自然地俯身捡起并放进了垃圾桶;他回答问题时简洁明了,干脆果断。这些难道不是最好的介绍信吗?"

讨论:你对这位公司经理的话有什么感触?

人的一生是一个不断学习和不断提升的过程,也是一个不断修养的过程,那么什么是修养呢?"修养"是一个含义广泛的概念,"修"原意是指学习、锻炼、整治和提高;"养"原意是指培养、养成和熏陶。所谓修养是指人们为了在理论、知识、艺术、思想、道德品质等方面达到一定的水平,所进行的自我教育、自我改善、自我锻炼和自我提高的活动过程。从此定义可以看出它包含很多方面的内容,如政治修养、理论修养、科学修养、文化修养、艺术修养、道德修养、职业修养等,是人们提高科学文化水平、专业技能和思想品质所不可缺少的手段。而其中对从事职业活动中的人员来说,职业修养占有非常重要的地位。

职业修养是指从事职业活动的人员,在思想水平、政治水平、文化知识、道德情操、业务技能以及行为举止方面的综合体现。

职业修养具有职业性、稳定性、内在性、整体性和发展性等特点。大客车驾驶人在从事本职工作时，除了掌握相关的专业知识和职业技能外，从讲究职业道德、职业形象、职业语言和职业行为等，来提高职业修养。

一、大客车驾驶人的职业形象要求

"形象"的含义是指人或事物的形体外貌。从心理学的角度看，形象就是知觉，是直接作用于感觉器官的事物的整体在脑中的反映，是人对感觉信息的组织和解释的过程。

形象有着广义与狭义之分。广义的形象是指集体形象，即组织形象。狭义的形象是指个体形象，如个人形象。

如今，随着现代社会人际交往的日渐频繁，无论是个人形象还是企业形象都逐渐受到广泛的重视。从表面看，个人形象仅仅涉及穿着打扮、说话表情之类无关宏旨的小节小事，但小节之处显精神，举止言谈见文化。个人形象不仅涉及个人，有时甚至事关全局。作为职场人员，个人形象通过职业形象来体现，最重要的是它体现在每个员工的身上。员工的职业形象，反映出整个组织的精神内涵和文化理念，影响到组织在公众心目中的形象。在职场中，职业形象既能体现个人的职业风采，也能提高组织和团队的形象。所以增强企业的竞争力，就要强化个人的职业形象。

(一)个人形象和职业形象

1. 个人形象的含义

说到个人形象，大家可能会想到一个人的长相与外表，看这个人是否"好看"，比如礼仪小姐的温婉大气形象，影视剧演员的角色魅力的形象等。这些人物形象不仅仅长相好看、外表漂亮，还有内在的优良素质。

所谓个人形象，就是通过衣着打扮、言行举止，反映一个人的个性以及公众面前所树立起来的印象。同时，它也是反映个人在自我思想、追求抱负、个人价值和人生观等方面，与社会进行沟通并为之接受的方式。所以形象不仅体现在外表和容貌，也是内在品质的外部反映，是反映一个人内在修养的窗口。

(1)得体地塑造和维护个人形象，会给初次见面的人以良好第一印象。要想给人以好感，得体地塑造和维护个人形象是很重要的。包括发型、着装、表情、言谈举止、待人接物、女士的化妆及饰品等，都是个人形象的展示。另外，装扮要看场合，不只是着色和款式，也要注意服装是否合身。

(2)个人形象不仅仅是个人的，它还承担着对一个组织的印象。若置个人形象规范而不顾，必然授人以柄，小到影响个人的自身形象，大到足以影响企业的整体形象。良好的个人形象，出众的形象风采，是我们自尊、尊人之本，更是我们立足、立业之源。因此，要求每一个从业人员重视个人形象，规范个人形象，改善个人形象，维护个人形象，就要自觉地做好内强素质、外树形象的工作。比如平时个人可以着装随意，但是在职场上的员工，无论男女均穿商务套装，以衬托出企业形象和文化理念(图4-1)。

(3)个人形象是沟通工具。俗话说"人靠衣装马靠鞍"，商业心理学的研究告诉我们，人与人之间的沟通所产生的影响力和信任度，是来自语言、语调和形象三个方面。美国心理学家奥伯特·麦拉比安发现,对人印象的形成是这样分配的:55%取决于个人的外表,包括服装、面貌、体型、发色等;38%是个人的自我表现,包括语气、语调、手势、动作等。只有7%才是所讲的内容,可见个人形象的重要性。

图4-1 职业形象

在当今竞争激烈的社会中,一个人的形象远比人们想象的重要。一个人的形象应该为自己增辉,当个人形象成为有效的沟通工具时,那么塑造和维护个人形象就成了一种投资,长期持续下去会带来丰厚的回报,让美的价值积累,让个人形象增值。

(4)个人形象在很大程度上影响着组织的发展。随着社会的发展,形象的包装已不再是明星的专利,普通从业人员对自己的形象也越来越重视,在这个越来越眼球化的社会,一个人尤其是从业人员的形象,将可能左右其职业生涯的发展。在职场中,个人的工作能力是关键,但同时也要注重自身形象的设计,特别是在特定的公务、社交等重要活动场合,个人形象的好坏在很大程度上影响着他的成败,甚至影响企业的成败,这是显而易见的。只有当一个人真正意识到个人形象与组织形象有着紧密联系的时候,就会在各个方面都注意自身形象,并加强自身的修养,那么企业的发展才会给个人的成长带来更多的机会。

曾经有这样一位美国年轻人,大学毕业后到一家汽车公司去应聘,与他同时去应聘的另外三个人都比他学历高。他认为自己没有多大希望,最后一个走进面试室。当他敲门进入房间,发现门口地上有一张废纸,于是他便弯腰捡起扔进废纸篓里。然后才走到主持面试的董事长面前说:"您好,我是福特,是来应聘的。"那位董事长说:"年轻人,你已被我们录用了。"福特感到非常惊讶,露出不解的神情。这位董事长解释说:"先生,前面的三位确实学历比你高,而且仪表堂堂,但他们的眼睛只能看见大事,而看不见小事。你的眼睛能看见小事,我认为能看见小事的人,将来自然能看见大事。一个只能看见大事的人,却忽略了很多小事,他是不会成功的。所以,我才决定录用你。"多年以后,美国有了一个叫福特的公司。他缔造了美国的汽车产业,改变了整个美国的经济状况,获得了举世瞩目的成功。

名言警句

在美的方面相貌的美高于色泽的美,而文雅得体的动作的美,又高于相貌。

——培根

人的相貌是天生的,但人的仪表却是后天的,是可控制也可以转变的。

——(中国学者)何新

人的面部表情和姿容举止展示着人的心灵和感情。

——(中国学者)何新

如果你不注重仪表，就会使人觉得你对事业也并不热心，而且从另一个侧面表明你的生活缺乏条理。可以想象，没有人会将合作对象选定在一个难以信任的人身上。

——卡耐基《人性的弱点》

2. 职业形象的含义

一提到职业形象，大家自然而然会联想到空姐，给人留下深刻印象的不仅是她们端庄秀丽的容貌、精致漂亮的制服，还有动人的微笑、柔美的声音、优雅的动作以及细致入微的服务，这一切的总和是个人形象与职业形象相结合的体现。

职业形象是指个人在职场上在公众面前树立的印象，具体包括外在形象、品德修养、专业能力和沟通能力四大方面。它通过衣着打扮、言谈举止反映出个人的专业态度、技术和技能等。

不同的职业尽管有着不同的职业形象要求，但都包括以下几个方面：着装、气质、仪表、言谈、举止、礼仪、能力、人格以及特定的组织文化背景和职业素养在行为和仪表方面的体现等。职业形象不仅重视个人仪表与礼仪技巧，更重要的是职业形象背后蕴含的内在的精神，即职业化精神的力量。

案例链接

2016 年度感动中国十大人物颁奖盛典李万君（图 4-2）

2017 年 2 月 8 日，在中央电视台"感动中国"2016 年度人物颁奖典礼上，李万君与孙家栋、张超等 10 位人物以及中国女排群体，共同当选"感动中国"2016 年度人物。"感动中国"给予李万君的颁奖词这样写道："你是兄弟，是老师，是院士，是这个时代的中流砥柱。表里如一，坚固耐压，鬼斧神工，在平凡中非凡，在尽头处超越，这是你的人生，也是你的杰作。"生动诠释了李万君的职业价值和人生追求。

图 4-2 李万君

他从 1987 年 19 岁开始工作到现在，一直在做焊接，虽然焊接工作又苦又累，但是他坚持下来了，他用 30 年的时间，用手上的焊枪证明了自己的坚守，从普通的焊接工人变成了焊接大师。

他眼里的焊接工作不仅是一门技术，更像是一门艺术，一门功夫。李万君手中的焊枪已"出神入化"，他能把两根直径仅有 3.2mm 的不锈钢焊条，分毫不差地对焊在一起而不留一丝痕迹；他能在 20m 外，从焊接声中精准地判断出电流的大小、电压的高低。他不仅自己技术高超，他培养的徒弟也本领惊人。如今，"李万君大师工作室"已攻克 100 多项技术难关，总结出 20 多项操作法，获得国家专利 20 多项。他的 10 多位弟子已获"省首席技师"称号。李万君还陆续撰写了《转向架铆焊工标准操作手册》《焊接艺术化标准》等册子，把自己严谨的质量追求,变成了广大焊工的操作规范。

他在节目中说:"做人要知恩图报,我的技能和荣誉是企业、是党给的,尤其我作为一名党员更要在自己的岗位干出个样来",这就是独具匠心的大国工匠的坚守,就是对职业的认同感、责任感、荣誉感和使命感。我们的时代需要这样的坚守,需要这样的大国工匠,需要这样的榜样。

讨论:看了这篇报道,李万君具有什么样的职业形象,应怎样向他学习?

_____

_____

(二)职业形象的重要性

趣味阅读

美国著名形象设计师莫利先生曾对《财富》排行榜前300名公司中的100名执行总裁进行调查,结果97%的人认为懂得并能够展示外在魅力的人在公司里有更多的升迁机会;93%的人会由于首次面试中申请人不合适的穿着而拒绝录用;92%的人不会选用不懂穿着的人做自己的助手。

一个人的职业形象包括多种因素:外表形象、品德修养、专业能力、沟通能力等。如果把职业形象比做一个大厦的话,外表形象好比大厦外表上的马赛克一样,专业能力就是地基,品德修养是大厦的钢筋骨架,沟通能力则是连接大厦内部以及大厦与外界的通道。职业形象包括以下重要性:

1.职业形象通过个人形象表现

职业形象的个人特征通过个人形象表达,并很容易形成令人难忘的第一印象。第一印象在个人求职、社交活动中会起到很关键的作用。特别是许多人力资源部门在招聘员工时,对应聘者职业形象的关注程度要远远高于人们的估计。许多公司在面试中对职业形象方面关注的比重也很大,因为他们认定,那些职业形象不合格、职业气质差的员工不可能在同事和客户面前获得高度认可,极有可能令工作效果大打折扣。

2.职业形象强烈影响到个人业绩

首当其冲的就是业绩型职业者,如果自己的职业形象不能体现专业度,不能给客户带来信赖感,所有的工作也都是徒劳,特别是对一些进行非物质性销售工作的职业者,客户认可更多的是人本身,因为产品对他们来说是虚的。即使是人力资源部门的人,在和政府机关、事业单位、企业合作伙伴打交道的过程中,如果职业形象欠佳,极有可能把良好的合作破坏。

3.职业形象会影响到个人的晋升概率

获得上司的认可是晋升的核心要素之一,如果因为在上司面前职业形象问题导致误会、尴尬甚至引发上司厌恶,业绩再好也难有出头之日。如果在同事同级层面上,因为职业形象问题导致离群、被孤立、被排斥,那么晋升机会就会很渺茫。所以,作为一名职业从业者,一定要注意自己的职业形象,这是自己走向成功的关键。

案例链接

周总理对礼节的要求

1962 年,周总理到西郊机场为西哈努克亲王和夫人送行。亲王的飞机刚一起飞,我国参加欢送的人群便自行散开,准备返回,而周总理这时却依然笔直地站在原地未动,并要工作人员立即把那些离去的同志请回来。这次总理发了脾气,非常严厉地批评道:"你们怎么搞得没有一点礼貌! 各国外交使节都站在那里,飞机还没有飞远,你们倒先走了。大国这样对小国客人不是搞大国主义吗?"当天下午,周总理就把外交部礼宾司和国务院机关事务管理局的负责同志找去,要他们立即在《礼宾工作条例》上加上一条,即今后到机场为贵宾送行,须等到飞机起飞,绕场一周,双翼摆动三次表示谢意后,送行者方可离开。

(三)大客车驾驶人的职业形象要求

客运企业对大客车驾驶人的职业形象越来越重视,要求也越来越高。驾驶人良好的职业形象不仅是企业的门面,提升企业的品牌价值,也能提高驾驶人的职场自信心,能够更好地进行自我管理。

大客车驾驶人的职业形象要求如下:

1. 着装整洁、仪表大方

(1)上班时间穿公司制服,服装整洁平整,洁净得体,衣扣整齐,配衫适宜;不敞胸露怀,不挽袖挽裤。女驾驶人着装要避免"薄""露""透",裙装应配过膝长袜,领口过低的衣服不宜穿着。

(2)男驾驶人头发长短合适、整洁、无头屑;女驾驶人宜淡妆,勿带过多头饰,保持头发清洁,发型文雅、庄重,梳理整齐。

(3)表情自然,面带微笑,精力充沛,无疲倦感;眼睛清洁有神、无分泌物,避免眼睛布满血丝;鼻子无鼻毛外露;牙齿清洁,无食品残留物;胡子每日一理,刮干净。

(4)指甲干净,定期修剪。

2. 举止文明

(1)行姿稳重。行走时,身体重心可微向前倾,收腹挺胸,抬头平视,两臂自然摆动。

(2)行为文明。不在车内及乘客面前剪指甲、化妆、抠鼻子、剔牙齿、挖耳朵;不在车内抽烟、吃东西,不向车外扔杂物、吐痰。

3. 语言文明、言辞得当

(1)使用普通话,说话时音量适中,语句清晰,用语文雅、礼貌、平和,语言规范,不讲粗话、脏话。手势与语言内容配合恰当,无其他小动作。

(2)态度谦和,能虚心听取客户意见,忍让宽容,得理让人,对合理要求尽量满足。

4. 纪律严明、工作有序

(1)遵守劳动纪律,按时出车,合理选择行驶路线。

(2)加强车容、车况的检查,保持客车内外干净清洁,保持车内空气清新,调节好车内温度,不开坏车、"带病"车上路。

(3)行车前、行车中严禁饮酒。

（4）严格遵守安全行车操作规程，保持精神集中，及时预防和处理突发事件。

（5）文明驾驶，不开"英雄"车、斗气车，不强超抢会，不加塞；开车时不接打电话，不单手操作；不随意乱停车，不乱按喇叭等。

（6）到达目的地，车停稳后，即时为乘客开车门，帮助乘客取行李，提醒乘客注意安全，热情道别。

案例链接

一位推销员的失败推销

某照明器材厂的业务员金某，按预约的时间手拿企业新设计的照明器样品，兴冲冲地登上六楼，脸上的汗珠还未来得及擦一下，便直接走进某贸易公司业务部张经理的办公室，让正在处理业务的张经理吓了一跳。"对不起，这是我们厂设计的新产品，请您过目。"金某说。张经理停下手中的工作，接过金某递过的照明器，随口赞道："好漂亮呀！"并请金某坐下，倒了一杯茶递给他，然后拿起照明器仔细观察起来。金某看到张经理对新产品如此感兴趣，如释重负，便往沙发上一靠，跷起二郎腿，一边吸烟一边悠闲地环视着张经理的办公室。当张经理问他电源开关为什么装在某个位置时，金某习惯性地挠了挠头皮。好多年了，别人一问他问题，他就会不自觉地用手挠头皮。虽然金某作了详尽的解释，张经理还是有点半信半疑。谈到价格时，张经理强调："这个价格比我们的预算高出很多，能否再降低一些？"金某回答："我们经理说了，这是最低价格，一分也不能再降了。"张经理沉默了半天没有开口。金某却有点沉不住气，不由自主地拉松领带，眼睛盯着张经理，张经理皱了皱眉："这种照明器的性能先进在什么地方？"金某又挠了挠头皮，反反复复地说："造型新，寿命长，节电。"张经理借托词离开了办公室，留下金某一人。金某等了一会儿，感到无聊，便非常随便地拿起办公桌上的电话，同一个朋友闲谈起来。这时，门被推开，进来的不是张经理，而是办公室秘书，结果可想而知了。

讨论：在以上的故事中，你感觉金某失败的原因是什么？该如何作出改进？

_____

_____

_____

总结分享：在交往日益频繁的今天，即将走入职场的学生要立于不败之地，就必须重视职业形象的塑造。因为职业形象跟学识、智慧和能力一样重要，良好的职业形象就像拿到一张通往成功的车票，有了它，往后的行程会变得轻松、愉快。职场新人应让自己的思想更灵活，举止更得体，让自己更敏捷，具备适应不同环境的能力。

二、大客车驾驶人接待乘客的注意事项

大客车驾驶人承担着将乘客从甲地运送到乙地的责任。从乘客购票上车起，驾驶人对乘客的服务就开始，这种服务是面对面和近距离的，服务的过程将从几十分钟到几十小时甚至上百个小时，所以服务工作做得好不好，能不能给乘客"安全、快捷、方便、舒适"的感受，大客车驾驶人除熟练掌握大客车驾驶技能外，还应在接待和服务乘客的过程中，注意以下事项：

（1）驾驶人要按照职业形象要求，注意仪容仪表，统一着装，服装干净整齐，鞋子与衣服相配，举止文雅、端庄。

（2）出车前做好车辆检查，包括车身、车内是否干净整洁，是否有异味、污物，油箱是否加满或够用。

（3）尽量使用普通话，并根据所接待的乘客情况，会用英语或其他语言与乘客作简单的会话交流。

（4）使用文明语言，如"您好""请""谢谢""请带好随身物品""请系好安全带""再见"等，不说脏话、粗话。

（5）做好乘客上车验票，告知乘客请勿携带易燃、易爆及危险物品上车，加强物品检查，杜绝"三品"上车。

（6）主动帮助乘客找到座位，放置好所携带物品。对较大的物品放置到行李舱内，小件行李放置在行李架上。

（7）行车前，提醒乘客全程要系好安全带。

（8）驾驶人驾驶过程中不抽烟、不吃零食，不与乘客交谈。

（9）行车过程中要注意观察车厢内动态，发现有乘客走动等情况，及时询问，并根据具体情况作出适当的处理。

（10）掌握所行驶道路服务区的布局情况，行驶一定的里程，要将客车开到服务区稍息片刻，同时方便乘客上厕所或购买所需物品。

（11）乘客下车前一定要等车停稳后再开车门，对年老或行动不方便人员要提示他们慢慢下车，必要时搀扶其下车。

（12）根据天气气候情况，合理使用空调，保持车内温度适宜。

（13）夜间在乘客上下车时，及时开启车厢内的照明灯，确保乘客上下方便，不出意外。

（14）老弱乘客腿脚不便、行动缓慢、耳背健忘，独自乘车时担心摔伤，希望上下车方便，担心物品遗失。大客车驾驶人在接待他们时要面带笑容、表示敬重，说话温和、使用尊称；要有耐心、不催促，要多关照注意事项。

（15）大客车驾驶人难免遇到一些比较麻烦的乘客，一旦遇到这种乘客一定要对乘客耐心点，不要在行驶过程中与乘客纠缠，如果发生纠缠一定要减速停到路边，耐心地和乘客协商沟通好以后再行车，避免出现事故。

案例链接

杨苗苗先进事迹

杨苗苗，女，安徽省蚌埠市公交集团有限公司107路"苗苗线路"1060号车驾驶人，1976年6月出生，2001年6月入党，大学文化。

作为一名普通的公交驾驶人，杨苗苗同志20余年如一日，立足十米车厢，播撒爱心真情，以甜美的微笑、温馨的服务，迎送千家客、温暖万人心，被誉为公交行业"微笑天使"。"热心、真心、诚心、爱心、耐心"是杨苗苗始终坚持的服务宗旨，沿线情况和倒乘线路的"一口清"是杨苗苗对旅客的关怀和党员精神风貌的展现。杨苗苗工作照如图4-3所示。

刚走上工作岗位的杨苗苗,为熟悉路况,利用休息时间翻地图、查资料;为了当好乘客的向导和城市文明的宣传员,她学会了哑语、方言。她在车上配备了便民伞、针线包、常用药等,给乘客提供方便。她总是尽量将车停在老弱病残孕和抱小孩的乘客身边;外地乘客、农村乘客人生地不熟,她有问必答;遇到个别不文明乘客,她坚持以理服人,以情感人。

图4-3 感动交通十大人物 杨苗苗

由杨苗苗的服务经验归纳成的"苗苗服务规范"、驾驶人"安全操作规范""节油三字经",已成为蚌埠公交驾驶人的自觉行动,带动了公司服务水平的提高,为公交行业树立了一个高标准的服务典范。

2011年元月,杨苗苗领衔组建"苗苗线路"。苗苗线路运行4年多来,创下安全行车600万公里无责任事故,服务乘客1600万人次无责任投诉,车厢服务合格率、车辆整洁合格率、行车准点率始终保持100%的骄人业绩。

杨苗苗同志2007年荣获全国五一劳动奖章,被评选为安徽省青年岗位能手;2010年被评为安徽省交通安全优秀职业驾驶人;2011年荣获安徽省五四奖章,被评为安徽省优秀共产党员;获评"2013年感动交通十大年度人物";2015年荣获全国"五一劳动奖章"、安徽省优秀共产党员、安徽省劳动模范等荣誉称号,当选十八大代表,荣登"中国好人榜"。

三、接待乘客语言文明的要求

(一)礼貌的服务语言

(1)与乘客交谈、服务时要面带微笑,面向对方,站姿端正,保持适当距离。

(2)要注意听取对方的谈话,不可东张西望。和乘客有适当的语言交流和眼神交流,目光要注视对方的眼睛,以示尊重。

(3)口齿清楚、语气温和、用词文明,语速适中、态度诚恳,给对方以体贴信任感。

(4)不得随意打断乘客的说话或表现出厌烦的情绪和神色,如果不得已需要打断乘客说话时,应等对方讲完一句话后,先说"对不起",再进行说明。

(5)行走时要礼让,与乘客走对面时要主动停下,伸手示意让路,不与乘客抢道、并行。

(6)无意碰撞或影响了乘客,应表示歉意,取得对方谅解。

(7)对乘客提出的合理要求应尽量满足,不能做到时,应耐心解释。

(8)夜间工作做到走路轻、说话轻、关门轻,利用间隙时间进行卫生打扫。

(二)真诚的服务语言

(1)时刻注意自己的仪容、仪表、举止、言谈。

(2)不食用葱、蒜、韭菜等有强烈刺激性气味的食品。

（3）不在公共场所修剪指甲、挖鼻孔、剔牙齿、掏耳朵、伸懒腰，不用手指人。

（4）不随地吐痰，不乱扔杂物，不大声喧哗、谈笑和影响其他人，不在乘客面前接打手机。

（5）尊重乘客的自由活动空间，在无特殊服务需求的情况下，尽量不要干扰乘客，重视和保护乘客的隐私。

（6）处理乘客投诉时，不能表现出不耐烦的情绪或者置之不理的态度，要冷静、耐心倾听，不激化矛盾，要多从自身方面找原因，弄清事实真相。属于自己的责任，要主动表示歉意，改进工作。属于乘客的责任，要多做解释工作，增加理解。

（三）恰当的服务语言

（1）对乘客的称呼应礼貌得体。

（2）杜绝服务忌语，做到"四不说"：不说有伤乘客自尊心的话，不说有伤乘客人格的话，不说教训、埋怨、挖苦乘客的话，不说粗话、脏话、怪话和无理的话。

案例链接

常用服务用语规范

（1）接待乘客来访时：您好，请坐。

（2）乘客出示票证后：谢谢，请收好；再次查验票证时：对不起，麻烦您再出示一下，谢谢。

（3）检查三品时：对不起，请您把包装打开配合检查；给您添麻烦了，谢谢合作。

（4）宣传文明乘车时：请您让开车门先下后上。

（5）维持排队秩序时：请您按顺序排队，不要拥挤。

（6）当乘客表扬时：这是我们应该做的，请您多提宝贵意见，谢谢。

（7）当乘客批评时：对不起，感谢您的帮助，谢谢。

（8）待客失礼时：对不起，请原谅。

（9）乘客买票排错队时：对不起，请您到××窗口。

四、不受乘客欢迎的驾驶人举止表现

在乘车过程中，常看到一些驾驶人有这样或那样的不良举止，这些举止，既影响乘车人的情绪，也影响驾驶人本人和营运企业的形象。大客车驾驶人在行车过程中，应主要注意避免以下不良举止：

（1）发车不准时，随心所欲。

（2）盲目开快车、开"英雄车"、开"斗气车"。

（3）不服气别人超车，非要及时超上所超越的车辆。

（4）超员、人货混载。

（5）开车时使用手机。

（6）强超抢会。

（7）酒后驾车、疲劳驾车。

（8）开车急刹车、急加速。

（9）客车转弯时不减速，造成乘客左右摇摆，增加紧张感。

(10)停车没有预见性,过站才停车,给上下车乘客造成不便。

(11)任意按喇叭催促乘客或前方车辆。

(12)使用语言不文明,简单粗暴。

(13)开车前不提前检查燃油、润滑油、冷却液和制动液是否充足,造成边开车边检查和排除故障。

(14)在车厢内抽烟、吃东西,特别是在开车过程中出现。

(15)向车外扔垃圾、吐痰。

(16)小动作太多,挠头、抠耳朵等。

(17)对乘客不礼貌。

(18)乱用手势。

(19)取笑、奚落乘客。

(20)盯视他人。

(21)其他不得体的行为。

趣 味 阅 读

带宝宝的妈妈不受乘客欢迎,空姐说完一句话后大家竟期待宝宝大哭!

带宝宝的妈妈不受乘客欢迎,妈妈们其实也很有压力啊……小朋友非常可爱,但也不好控制。搭飞机时身边有小宝宝,可能要忍受长达几个小时的哭泣折磨。在母亲节时,捷蓝航空(JetBlue)策划了一个有趣的活动,专门邀请4名妈妈带着宝宝坐飞机,并推出新的规定。乘客们听完空姐的解说后,全部开始期待宝宝哭泣。

妈妈刚开始带宝宝进入机舱时,乘客们显得很冷漠。

有人直接戴上耳机,表示自己的不耐烦。

空姐宣布:"每当有婴儿哭泣,这次的机票就能享受25%的优惠。"这下听到孩子们哭泣,乘客不仅不觉得恼怒,反而还非常期待。

当航班上的4个孩子都哭出声,这次机票的费用全免。孩子啼哭抵销飞机票费后,大家忍不住露出微笑,并鼓掌欢呼。

航空公司表示,母亲带孩子乘坐飞机需要承受很大的心理压力,这次推出特别活动,就是希望人们能够理解这一情况,下次遇到孩子大哭,可以更宽容一些,甚至给对方一个微笑。小朋友在飞机上哭闹最辛苦的还是妈妈,分享出去,让大家都看到吧。

第二节　大客车驾驶人高尚的职业道德修养

学 习 目 标

1.了解大客车驾驶人职业道德修养的目的。

2.了解大客车驾驶人职业道德修养的内涵。

3.熟悉大客车驾驶人职业道德修养的基本要求。

4.掌握大客车驾驶人职业道德修养的方法。

建议学时:2学时。

案例链接

　　小孙和小陈是同乡好友,同一所技工学校汽车驾驶专业毕业,又在同一家运输公司上班,做同样的工作。

　　小孙在学校时严格按照职业道德要求去做,努力学习,工作后,严格遵守各项规章制度,身体力行岗位道德规范,工作扎扎实实,业务日益纯熟,业绩连年创优,很快成为业务骨干,由于工作出色很快就被提拔为车队长。

　　小陈在校时就对各种道德规范很排斥,认为规矩太多,扼杀了自己的个性,约束了自己的自由,学习态度不端正,参加工作后总是马马虎虎,大大咧咧,经常出差错,有一次还差点酿成重大交通事故,旅客和同事都对他有意见,领导多次批评无效,最后只好将他辞退。

　　讨论:小孙和小陈在公司的表现不同,结果也很不一样,从材料中可以看出主要原因是什么? 从小孙和小陈的经历,谈谈职业道德修养对学生的成长有何作用?

_____

_____

_____

　　职业道德修养,是指从事各种职业活动的人员,按照职业道德基本原则和规范,包括在道德品质、道德情感、道德意识等方面,在职业活动中所进行的自我教育、自我改造、自我完善,使自己形成良好的职业道德品质以及达到的职业道德境界。

　　职业道德修养的内容包括职业道德认识、职业道德情感、职业道德意志、职业道德信念和职业道德行为方面的修养,概括为职业道德意识的修养和职业道德行为的修养。

一、大客车驾驶人职业道德修养的目的

　　大客车驾驶人职业道德修养包括两层含义:一是人们按照一定的道德原则和规范自觉进行自我批评、自我剖析等活动;二是通过道德实践活动所形成的道德品质和达到的道德境界(图4-4)。

图4-4　修养

　　大客车驾驶人在长期的社会生活和职业生活中,形成对自己特殊的爱好、兴趣、脾气和性格,养成了稳定的职业习惯、工作作风和职业心理,其中难免有些不良的成分,若不注意修养,就难于走向道德的完善。

　　大客车驾驶人在自己的职业生活中要"择其善者而从之,择其不善者而改之"。通过积极的职业道德修养,提高自己的职业道德能力,消除自身存在的不良道德观念和消极影响,自觉、严格地按职业道德规范去行动,按职业道德规范的认识和体验,不断学习、认识、实践和体验培养自己良好的职业态度、职业良心、职业作风的过程;把职业道德和职业规范逐步转化为自己的职业道德品质,进而转化为自己的道德行为和习惯,形成良好的道德品质,塑造理想人格,提升驾驶人职业道德境界,有助于培养良好的

职业观念、职业作风和职业行为,使自己成为一个受道路运输企业欢迎的技能型人才,对自身谋职就业与职业生涯规划发展具有重要意义,从而实现自己的人生价值。

二、大客车驾驶人职业道德修养的内涵

大客车驾驶人作为交通参与主体的一部分,社会对大客车驾驶人的职业道德要求也越来越高,职业道德修养在今后的职业生涯中将占据重要的作用,包含两个方面的内涵:一是塑造职业道德品质;二是提高职业道德境界。

(一)职业道德品质

职业道德品质是一定职业道德规范在大客车驾驶人思想、行为中的体现,是一系列职业道德行为中所表现出来的稳定的特征和倾向。

职业道德品质具有三个方面的基本特征。第一,职业道德品质与职业道德行为有着密切的联系,它是职业道德心理、意识与职业道德行为的统一,职业道德行为持续不断地发展,形成一定的职业道德习惯,就表现为一个人的职业道德品质。职业道德行为是职业道德品质的客观内容,职业道德品质是职业道德行为的综合表现。第二,职业道德品质是一种自觉意识的行为过程,它不是一般的职业习惯或职业兴趣、职业感情发展的结果,而是凭借一定的道德判断和道德选择,自觉意志控制和处理职业感情和职业行为的结果,是大客车驾驶人自觉意志的结晶。第三,职业道德品质体现在大客车驾驶人的个别职业行为中,充分贯穿在一系列职业行为所构成的行为整体中,它是个别行为和行为整体的统一。

(二)职业道德境界

职业道德境界是指人们通过接受职业道德教育和进行职业道德修养所达到的职业道德觉悟程度,以及形成的职业道德状况和道德情操水平。大客车驾驶人的职业道德境界高低不同,从客观上讲,一定社会、一定职业生活中的道德要求不是单一的。在我国当前社会主义职业生活中,职业道德原则和规范也有着不同的层次及要求,从主观上讲,大客车驾驶人对一定职业道德原则和规范的理解和接受程度还处于不同阶段和层次上,对自己职业行为的道德意义和价值的认识程度也处于不同的水平上;在职业道德修养中要实现从业的最高境界,只能一层一层地努力。

在现实生活中有着四种层次的职业道德境界:

(1)玩忽职守、自私自利的境界。处于这种境界的从业人员,一切行为都以是否有利于自己的私利为转移,活动的目的是满足自己私利的需要。正因如此,也就缺乏最起码的职业道德认识、情感和觉悟。这种人对社会主义事业的危害极大。

(2)奉令守职、追求正当利益的境界。处于这种境界的从业人员,以追求个人的正当利益为目的,但同时又不伤害他人和集体利益。他所信奉的基本原则是奉公守法、勤劳致富。目前处于这种境界的人为数众多,且容易分化,如果不进行有效的教育,势必会有一部分人经不住金钱的诱惑,滑入玩忽职守、自私自利的境界。

(3)尽职尽责、先公后私、先人后己的境界。这是社会主义的道德境界,具有这种道德境界的从业人员,也追求正当的个人利益,但在需要的时候,能牺牲自己的利益去维护集体和

人民的利益。他能以主人翁的身份进行职业活动。

(4)大公无私的共产主义境界,这是职业道德最高的境界。处于这种境界的从业人员,一切言行都能以是否有利于集体为原则,他们对党和人民极端的负责,始终把党和人民的事业作为自己的事业。这种道德境界十分崇高,只有少数的先进人物进入这一境界。时代楷模杨善洲就是典型的例子。

案例链接

永不褪色的共产党员杨善洲(图4-5)

图4-5 杨善洲

杨善洲,男,汉族,云南省保山市施甸县姚关镇人,1927年1月生,1951年5月参加工作,1952年11月加入中国共产党;是中共云南省委第二、第三、第四届省委委员,云南省第五、第六届人大代表,第六届人大常委会委员,1988年6月退休;2011年"感动中国"十大人物。

杨善洲同志1951年参加革命工作,历任施甸区、县主要领导,担任保山地委领导近20年,工作37年来,始终保持艰苦朴素的本色,廉洁奉公、全心为民、勤奋工作,为保山经济社会发展作出了突出贡献。

1988年6月退休以后,他主动放弃进省城安享晚年的机会,扎根施甸县大亮山兴办林场,一干便是22个春秋,带领大家植树造林5.6万亩,林场林木覆盖率达87%以上。把昔日的荒山秃岭变成了今朝生机勃勃的绿色天地,使当地恶劣的自然环境得到明显改善。

不仅如此,他还带领群众修建了18km的林区公路,架设了4km多的输电线路,使深居大亮山的村寨农户通电通路。

杨善洲同志于2010年10月10日15时8分因病医治无效,在云南省保山市人民医院逝世,享年84岁。

讨论:请结合本文,上网查阅杨善洲的具体事迹,写"杨善洲精神"的内涵。

_____

_____

_____

三、大客车驾驶人职业道德修养的基本要求

加强大客车驾驶人的职业道德修养,必须通过努力学习,认识到社会发展的规律和特点,了解到大客车驾驶人职业道德的内容和意义,并通过自身的修养,将认识内化为自己的道德情感、意志和信念,进而外化为自己的道德行为和习惯,才能形成一定的道德品质。现阶段大客车驾驶人职业修养的基本要求,一是严格遵守大客车驾驶人职业道德规范,二是目标明、标准高,三是持之以恒。

(一)严格遵守大客车驾驶人职业道德规范

严格遵守大客车驾驶人职业道德规范说白了就是立志,就是立下干好本职工作、当好行业优秀工作者的志向。一个人树立什么样的职业道德志向,很大程度上会影响他在职业道

德修养中所能达到的水平,大客车驾驶人必须清楚自己的职业责任和应遵循的道德标准。遵守职业道德,严格按大客车驾驶人职业道德标准要求自己,时刻牢记自己的使命,认真负责,杜绝违反职业道德规范的行为。

(二)目标明、标准高

目标明,就是要求在进行职业道德修养的一开始就要明确目标,按照职业道德品质形成的基本规律,紧紧围绕构成大客车驾驶人职业道德品质"知、情、意、信、行"五要素的基本要求,逐步培养、提高、完善职业道德修养。"知"是对大客车驾驶知识的理解与把握;"情"是培养自己的驾驶职业道德义务和行为的职业情感;"意"是在履行义务的过程中,自觉克服一切困难和障碍的坚韧精神和职业意志。"信"是履行驾驶职业道德义务的真诚信仰和强烈的责任心。"行"是在知、情、意、信的基础上产生的现实行动,提升驾驶人职业道德水平。

标准高,就是要求大客车驾驶人的职业道德修养必须坚持高标准、严要求,即有高标准的驾驶职业素养,并随着社会的进步,客运新技术的发展不断提高,而不能停留在一个固定的水平上,不安于现状、不服输,在驾驶技术上、业务上勤学苦练,成为本行业能手、行家。

(三)持之以恒

曾国藩《家训喻纪泽》中是这样说的:"尔之短处,在言语欠钝讷,举止欠端重,看书不能深入,而作文不能峥嵘。若能从此三事上下一番苦功,进之以猛,持之以恒,不过一二年,自尔精进而不觉。"

作为大客车驾驶人来说,工作中做什么事都应该坚持到底,因为半途而废,不仅会使人丧志,而且会使人失去学习的动力。一旦没有了动力,人生好像是一只空壳的龟,只剩下又硬又厚的凯甲,也就没有了灵魂。一个人想干成任何大事,都要能够坚持下去,坚持下去才能取得成功。总的来说,一个人克服一点困难也许并不难,难的是能够持之以恒地做下去,直到最后成功。

四、加强大客车驾驶人职业道德修养的方法

案例链接

斗歹徒忠于职守——山西最美司机郭文斌(图4-6)

2010年12月10日13时左右,山西汽运集团晋城汽车运输有限公司郭文斌驾驶晋E185××号客车执行晋城至侯马班车任务,当车行驶至翼城南关路段时,有三名男子拦车要到侯马,上车后一人态度蛮横不予买票,郭文斌发现情况不对即停车劝其买票,没想到该男子恼羞成怒,抓住郭文斌的领口就给了他两巴掌,有一个人还威胁说:"你以后还想不想在侯马线上跑了?"郭文斌没有畏惧,依然坚持要他们买票,要么下车,就在这

图4-6　山西最美司机郭文斌

时,一个小个子歹徒趁郭文斌不备拿出匕首在其腹部捅了一刀,当时郭文斌感觉腹部麻木,伸手一摸鲜血涌出,三个歹徒一看,跳下车就跑,郭文斌强忍疼痛,大喊:"抓歹徒!"郭文斌捂着腹部开车追赶,在同车旅客的协助下,将一名歹徒抓获。此时,郭文斌伤口处的血还在不停地流,他感觉快支撑不住了,他只有一个念头:无论如何也不能把乘客放在路上不管,必须妥善安置才行。于是,他让乘务员和乘客将歹徒看住,忍着剧痛,用一位女乘客递过来的一大卷卫生纸顶住受伤的部位,趴在转向盘上开了近5km,把旅客送到翼城汽车站,因为提前接到了乘客的报警,翼城汽车站院内,派出所和急救中心人员已经赶到。临上救护车前,好几名乘客拍着郭文斌的肩膀说:"老哥,你真够意思,这个时候你还能顾及我们……"而此时的郭文斌,已近昏迷状态,幸运的是,这一刀未伤到重要器官,在医院静养了一个月后,郭文斌痊愈出院。

讨论:①是什么理念支撑郭文斌在受伤的情况下把旅客安全送到汽车站?②如果你是当事驾驶人,你该怎么做?

_____

_____

_____

(一)职业道德修养重在养成

职业道德修养重在自觉,大客车驾驶人只有在日常生活和职业实践中,主动、积极地进行职业道德的自我培养,自觉对照职业道德规范和先进典型,找出自身的不足和差距,改正不良行为习惯,才能不断提高自己的整体素质和职业道德境界。

职业道德修养的提高,一方面靠他律,即社会的培养和组织的教育;另一方面靠自律,就是取决于自己的主观努力,进行自我修养。在修养过程中既离不开他律,更要靠自律。

(二)职业道德修养的方法

大客车驾驶人进行自身的职业道德修养,首先,要有自觉的修养意识和坚定的毅力,其次,还应把握行之有效的职业道德修养的方法,一般来说应从以下几个方面着手进行:

1. 努力学习,积极投身实践

我国古代思想家孔子认为,"学而不思则罔,思而不学则殆"。树立起崇高的职业道德理想,良好的行为规范,必须努力学习,积极投身实践。

学习包括两个方面的内容,一是要努力学习大客车驾驶人职业道德规范、法律法规等理论知识,提高自身的职业道德认识,把握是非、善恶的标准,才能正确树立科学的世界观、人生观和价值观;二是要学习本行业道德楷模们的先进事迹,用他们的先进事迹激励和鞭策自己。榜样的力量是无穷的,学习先进模范人物的高尚品德和崇高精神的同时,还要密切联系自己职业活动和职业道德的实际,注重实效,自觉抵制拜金主义、享乐主义、极端个人主义等腐朽思想侵蚀,大力弘扬社会主义核心价值观,提高职业道德水平,立志在本岗位多做贡献。

理论知识是指导实践的转向盘,只有从理论的高度去认识职业道德修养的实践,才能避免盲目性。大客车驾驶人要拥有充裕的知识含量是提升自身道德修养的前提,而实践是人生修养的基础。一切社会意识和规范都是在社会实践中形成的。人们只有在社会实践中,在个人与他人、个人与集体、个人与社会的道德活动中,才能深刻认识道德规范和判断自己的行为。离开了社会实践,离开了驾驶职业道德活动,人们的善恶观念就无从产生,无法改变,也不能克服自己不正确的思想和不道德的行为,更不能培养自己崇高的思想和道德品质。

案例链接

云南最美司机李志逵(图4-7)

2013年1月12日,"杭州最美司机"吴斌遭遇的一幕在元磨高速公路上重演。云南金孔雀交通运输集团有限公司最美司机李志逵驾驶一辆载有18名乘客的大巴,从宁洱前往昆明,17时37分,客车行至墨江路段时,对向一辆中型货车传动轴十字节轴承钢碗突然脱落,钢铁块越过隔离带砸破大巴车风窗玻璃、朝他头部猛击过来,正好击中左眼上方,当时李志逵流了很多血,他强忍疼痛,用左手捂着额头,右手握

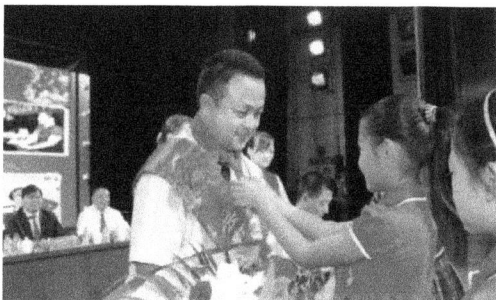

图4-7 最美云南司机李志逵

住转向盘,然后换挡,慢慢靠右将车停稳,打开警示灯,整个过程持续13秒,这短短13秒的坚持,避免了一场交通事故的发生,保障了车上乘客的安全。

李志逵是一个平凡的驾驶人,但是他始终勤学严谨、认真掌握驾车技术,规范驾驶,懂车爱车维护好车;一直牢固树立安全行车理念,安全行驶里程超过100万公里,先后3次被评为"红旗车驾驶人"。

讨论:从李志逵师傅的身上,我们还受到哪些启发?

_____

_____

2. 坚持反躬内省

坚持经常反躬内省,增强自律性,依据大客车驾驶人职业道德规范,经常检查自己,查找自身思想和行为中的缺点和错误,从而规划和约束自己的行为方式,使之符合职业道德规范的要求。

古人云:"吾日三省吾身""内省不疚、夫何忧何惧"。我国古代思想家们非常重视职业道德修养中的"内省"。内省即通过内心省察,使自己的思想和言行符合道德规范的要求。内省是中国古代思想家提高自身道德修养的重要方法,也是中华民族优良传统的重要组成部分。

在市场经济的环境中,内省尤为重要,它是我们抵制腐朽思想的一把尚方宝剑,作为大客车驾驶人在今后的职业实践中,就要按照高标准严格要求自己,要经常联系思想、工作和生活实际进行自我内省、自我剖析、自我体验、自我分析,以全面了解自己的优缺点、得与失,从而形成一个较为真切的认识。只有通过自觉的内省,才能真诚地接受别人的批评,认真地进行自我批评,从而促进自己不断进步,让自身品格日臻完美,使自己立于不败之地。

富兰克林的《美德分类表》

著名的科学家富兰克林（图4-8）为了培养自己的节制、恬淡、守秩序、果断、俭约、勤勉、真诚、公平、稳健、整洁、宁静、坚贞、谦虚的美德，特为自己制定了一张《美德分类表》，并且每星期预备一本册子，把这十三种美德记录在册，随后画出七行空格。每到晚上，都要做一番自省，如果日间犯了某一过失，就在相应的空格子里记上一个黑点。过了一个星期，再换上一本册子。他希望通过长年累月的自省，能够消灭这些代表缺点的黑点。

图4-8 科学家富兰克林

讨论：富兰克林是如何进行内省的？请你也设计一个适合自己内省的方法。

3. 努力学习科学文化知识，掌握能适应现代化需要的专业技能

努力学习科学文化知识和专业技能是做好本职工作的基本条件，只有勤奋努力学习，学得真知识、练就真本领，才能有助于职业道德修养。学习科学文化知识，一是加强驾驶技术和相应的政策学习，并根据客车驾驶工作的实际需要，通过形式多样的学习，努力提高自己的专业技术能力和水平。二是加强车辆维修、日常维护以及现代化汽车管理方面知识的学习，不断学习和充电。

节油技能竞赛冠军梁辉（图4-9）

2009年第一届"宇通杯"机动车驾驶人节油技能竞赛中，河南省漯河宏运汽车运输集团有限公司驾驶人梁辉在"宇通杯"总决赛中跑出每百公里油耗14.88升的优异成绩，并以总成绩94分的高分荣登榜首。在谈到比赛经验时，他说："能参加全国总决赛的驾驶人个个都是精英，技术水平在伯仲之间，在这种情况下，就要比谁的心理素质强，能够更稳定地控制车速"。其次是对车辆熟悉，对于这一点，梁辉不加任何掩饰地说：宇通客车每颗螺丝的位置他都知道。再次是平时的驾驶习惯，他说："在高速公路上节油不同于其他路段，因为道路平坦，又没有复杂行车路况，节油只能靠脚踩加速踏板的稳定性上。我练就出

图4-9 节油冠军梁辉

了'铁脚功'，脚踩加速踏板可维持三四个小时没有丝毫的变动，使车辆能够始终保持在一个匀速状态下行驶，这项技能成为他夺冠的杀手锏。

梁辉认为："驾驶机动车看似简单，但开好它并不容易，贵在几十年如一日地将乘客安全送达目的地。这次由交通运输部主办的'宇通杯'节油比赛，为我们驾驶人创造了一个展示才能的舞台，同时也唤醒全社会对驾驶人的关爱和对我们工作的尊重。我们虽然普通，但小

小转向盘却牵系着千家万户的平安。"他满脸骄傲地注视着刚刚获得的奖状并深情地说:"这个冠军是我一生最荣耀的奖励,我会无比珍藏,但我会为下一个冠军准备着。"憨厚的笑容仍然挂在他的脸上……

讨论:梁辉获节油冠军的法宝是什么?

4.努力做到"慎独"

"慎独"一词出于我国古籍《礼记·中庸》:"道也者,不可须臾离也,可离非道也。事故君子戒慎乎其所不睹,恐惧乎其所不闻。莫见乎隐,莫显乎微,故君子慎其独也"。所谓的"慎独"意思是说,道德原则是一时一刻也不能离开的,时时刻刻检查自己的行动,一个有道德的人在独自一人,无人监督时,也是小心谨慎地不做任何不道德的事。

"慎独"是一种修养,更是一种道德境界。古人在道德修养过程中十分强调道德主体的内心信念的作用,体现了严格要求自己的道德自律精神。在《后汉书·杨震传》有这样的记载:杨震去荆州赴任,道经昌邑。昌邑县令王密,是杨震当年举荐上来的,王密为了表示对杨震当年提挈之恩的感谢,"至夜怀金十斤以遗(wei)震"。杨震拒绝接受,说:"我举荐你是因为我了解你,你这样做是太不了解我了。"王密说:"暮夜无知者。"杨震说:"天知,神知,我知,子知。何谓无知?"王密听了杨震的一番话,"羞愧而出"。

从"慎独"所达到的境界来看,大客车驾驶人要达到这种"慎独"的境界,就是在职业实践活动中,在任何时候做事情都要小心谨慎,特别是在独自一人,在无人监督的时候,也要忠于职守,自觉地遵章守纪,要严格要求自己,抛弃一切私心杂念,自觉按照本行业职业道德要求去做,对自身任何不符合职业道德的言行,都务必注意克服,纠正自身存在的缺点与不足,将其消灭在萌芽状态,从具体的一件件小事做起,从一点一滴做起,日积月累,把职业道德规范变成自己的职业行为习惯,逐步凝结成高尚的职业道德品质,不断提高职业道德水平,达到"慎独"的境界。

总之,作为大客车驾驶人,只有准确理解了职业道德规范在现实社会中的重要作用,才能鞭策自己更好地学习职业道德规范,更加自觉地进行职业道德修养,努力提高自己的职业道德水平和境界。

案例链接

拾金不昧驾驶人杨海(图4-10)

2016年6月30日,中共四川省委召开的四川省庆祝中国共产党成立95周年大会上,南充运输集团仪陇分公司"党员先锋号"驾驶人杨海被中共四川省委授予"全省优秀共产党员"称号。杨海曾先后担任仪陇至西安、金城至广元、金城至绵阳的大客车驾驶人,安全行驶90万公里,诚信为旅客服务,拾得13万元现金和50克黄金物归原主。为乡村孤寡老人、伤残军人4人,留守儿童30人献爱心送温

图4-10 拾金不昧驾驶人杨海

暖支出 8000 余元。曾荣获"绵阳市道德模范"和"南充市第三届道德模范"。

讨论：如果你是杨海拾得 13 万元现金和 50 克黄金该怎么办？杨海的哪些事迹值得你学习？

_____

_____

_____

本章练习

一、填空题

1. 大客车驾驶人讲究_____、_____、_____和_____等,以此来提高职业修养。

2. 能否实现营运安全,不仅与驾驶人的思想技术素质相关,而且还与其 、和习惯有关。

3. 一个人的职业形象包括_____、_____、_____、_____等四种因素。

4. 接待乘客的语言文明包括：_____、_____、_____。

5. 职业道德修养的内容包括_____、_____、_____、_____和_____的修养。

6. _____、_____,_____,这是驾驶人应该具有的职业品质和职业道德境界。

二、判断题

1. 一个人的道德品质的好坏是由先天决定的。 （   ）

2. 职业形象不仅重视个人仪表与礼仪技巧,更重要的是职业形象背后蕴含的内在的精神,即职业化精神的力量。 （   ）

3. 个人形象与职业形象有关系,但是关系不大。 （   ）

4. 虚心向别人学习,勇于改正缺点是品德修养的方法之一。 （   ）

5. "慎独"是指在单独工作环境下仍能信守道德规范。 （   ）

6. 职业形象既能体现个人的职业风采,也能提高组织和团队的形象。 （   ）

7. 加强职业道德的修养既靠他律,更靠自律。 （   ）

8. 玩忽职守、自私自利的境界。处于这种境界的从业人员,一切行为都以是否有利于自己的私利为转移,活动的目的是满足自己私利的需要,只要加强教育,很容易转化为较高层次的境界。 （   ）

三、选择题

1. 大客车驾驶人职业道德修养的内涵是(   )。

    A. 塑造职业道德的品质   B. 提高职业道德境界

    C. 提高职业道德素质   D. 加强职业道德修养

2. 现阶段大客车驾驶人职业修养的基本要求是(   )。

    A. 确立道德标准   B. 目标明、标准高

    C. 贵在自学   D. 立足实践

3. 大客车驾驶人职业道德的培养是指驾驶人在思想品质、道德情操、道德意识方面的自我教育、自我改造、(   )和自我提高。

A. 自我锻炼　　　　　　B. 自觉行为　　　　　C. 自我完善　　　　　D. 自我锻炼

4. 职业道德修养的关键是( )。

A. 学习　　　　　　　　B. 立场　　　　　　　C. 实践　　　　　　　D. 慎独

5. 职业首先培养的首要环节是( )。

A. 职业道德修养　　　　　　　　　　　B. 职业道德教育

C. 职业道德实践　　　　　　　　　　　D. 职业道德境界

四、简述题

1. 什么是职业形象? 包括哪些方面的因素?

2. 简谈对文明用语的理解。

3. 文明用语,做到"四不说"具体是什么。

4. 简述职业道德修养的含义和目的。

5. 简述大客车驾驶人职业道德品质的基本特征。

6. 为什么说"慎独"有助于提升人们的职业道德修养?

7. 简述职业道德修养的方法。

8. 简述职业道德境界现实生活中有着四种层次的职业道德境界。

五、讨论题

1. 从个人层面看,我能做到慎独吗? 有没有慎独的经历(说一说当时的情形,谈一谈当时的感受),慎独对个人成长有什么意义?

2. 某公司每天晚上下班后要求员工思考四个问题,并交流心得:

(1)今天我对自己最满意的表现是什么?

(2)今天我的工作有失误吗?

(3)我的失误给公司、顾客及给自己带来了什么影响?

(4)明天我会在哪些地方有所改进?

3. 讨论:

(1)内省对个人的发展有何作用?

(2)内省对于加强职业道德修养有什么作用?

参 考 文 献

[1] 张伟.职业道德与法律(修订版)[M].北京:高等教育出版社,2013.

[2] 邵海峡.职业道德与就业指导[M].北京:清华大学出版社,2006.

[3] 李斌.高职大学生职业道德教育理论与探索[M].长沙:湖南师范大学出版社,2006.

[4] 云南省劳动和社会保障厅,云南省职业技能鉴定中心.职业道德考试复习指导[M].昆明:云南美术出版社,2007.

[5] 张天祥,王波.职业素养与实务[M].昆明:云南科技出版社,2008.

[6] 若木."四个全面"之间的关系[EB/OL].[2015-05-08].http://www.xuexila.com/sigequanmian/sigequanmianjiedu/58992.html.

[7] 南新华.驾校教练员的五项修炼[M].2版.北京:机械工业出版社,2015.

[8] 本书编写组.道路客货运输驾驶员继续教育培训教材[M].北京:人民交通出版社,2016.

[9] 厉亚军,段涵,陈俊,等.中小城市居民出行特征分析及交通对策研究[J].交通标准化,2010.

[10] 交通运输部职业资格中心.道路客货运输驾驶员继续教育教材[M].北京:北京交通大学出版社,2012.

[11] 庞永华.轻松守住12分[M].北京:电子工业出版社,2013.

[12] 交通运输部公路司科技教育司审定.营运汽车驾驶员职业培训教材[M].北京:人民交通出版社,2005.

[13] 常若松.汽车驾驶员安全心理学手册[M].北京:人民交通出版社,2014.

[14] 广州交通集团机动车驾驶技术培训有限公司.大客车驾驶员职业道德教育[EB/OL].[2012-12-2].http://www.doc88.com/p-900973729442.html.

[15] 李华宾,张丽芳.通用职业素养指导与训练[M].北京:中国人民大学出版社,2015.

[16] 和田维吾尔药业有限责任公司.职业形象管理[EB/OL].[2014-3-13].http://wenku.baidu.com/link?url=YAMg4qV8dpXYIV1zbnTOAjPlQZx7Fobw5g2LgpLtFrYmnVsbFuD5L2wAGPJOcO3r92hjF7I4MV9-GKRmtYFyB193wuooBIubJrJCVXuhQYS.

[17] 广州交通集团机动车驾驶技术培训有限公司.职业形象[EB/OL].[2011-10-14].http://wiki.mbalib.com/wiki/%E8%81%8C%E4%B8%9A%E5%BD%A2%E8%B1%A1.